U0640478

与学生谈处世

《"四特"教育系列丛书》编委会　编著

吉林出版集团股份有限公司
全国百佳图书出版单位

图书在版编目（CIP）数据

与学生谈处世／《"四特"教育系列丛书》编委会编著．
—长春：吉林出版集团股份有限公司，2012.4
（"四特"教育系列丛书／庄文中等主编．与学生谈生
命与青春期教育）
ISBN 978-7-5463-8636-2

Ⅰ.①与… Ⅱ.①四… Ⅲ.人生哲学－青年读物②人生哲
学－少年读物 Ⅳ.① B821-49

中国版本图书馆 CIP 数据核字（2012）第 042028 号

与学生谈处世
YU XUESHENG TAN CHUSHI

出 版 人	吴 强	
责任编辑	朱子玉　杨 帆	
开　　本	690mm×960mm　1/16	
字　　数	250 千字	
印　　张	13	
版　　次	2012 年 4 月第 1 版	
印　　次	2023 年 2 月第 3 次印刷	

出　　版　吉林出版集团股份有限公司
发　　行　吉林音像出版社有限责任公司
地　　址　长春市南关区福祉大路 5788 号
电　　话　0431-81629667
印　　刷　三河市燕春印务有限公司

ISBN 978-7-5463-8636-2　　　　　定价：39.80 元

前　言

　　学校教育是个人一生中所受教育最重要组成部分,个人在学校里接受计划性的指导,系统地学习文化知识、社会规范、道德准则和价值观念。学校教育从某种意义上讲,决定着个人社会化的水平和性质,是个体社会化的重要基地。知识经济时代要求社会尊师重教,学校教育越来越受重视,在社会中起到举足轻重的作用。

　　"四特教育系列丛书"以"特定对象、特别对待、特殊方法、特例分析"为宗旨,立足学校教育与管理,理论结合实践,集多位教育界专家、学者以及一线校长、老师们的教育成果与经验于一体,围绕困扰学校、领导、教师、学生的教育难题,集思广益,多方借鉴,力求全面彻底解决。

　　本辑为"四特教育系列丛书"之《与学生谈生命与青春期教育》。

　　生命教育是一切教育的前提,同时还是教育的最高追求。因此,生命教育应该成为指向人的终极关怀的重要教育理念,它是在充分考察人的生命本质的基础上提出来的,符合人性要求,是一种全面关照生命多层次的人本教育。生命教育不仅只是教会青少年珍爱生命,更要启发青少年完整理解生命的意义,积极创造生命的价值;生命教育不仅只是告诉青少年关注自身生命,更要帮助青少年关注、尊重、热爱他人的生命;生命教育不仅只是惠泽人类的教育,还应该让青少年明白让生命的其它物种和谐地同在一片蓝天下;生命教育不仅只是关心今日生命之享用,还应该关怀明日生命之发展。

　　同时,广大青少年学生正处在身心发展的重要时期,随着生理、心理的发育和发展、社会阅历的扩展及思维方式的变化,特别是面对社会的压力,他们在学习、生活、人际交往和自我意识等方面,都会遇到各种各样的心理困惑或问题。因此,对学生进行青春期健康教育,是学生健康成长的需要,也是推进素质教育的必然要求。青春期教育主要包括性知识教育、性心理教育、健康情感教育、健康心理教育、摆脱青春期烦恼教育、健康成长教育、正确处世教育、理想信念教育、坚强意志教育、人生观教育等内容,具有很强的系统性、实用性、知识性和指导性。

　　本辑共20分册,具体内容如下:

　　1.《与学生谈自我教育》

　　自我教育作为学校德育的一种方法,要求教育者按照受教育者的身心发展阶段予以适当的指导,充分发挥他们提高思想品德的自觉性、积极性,使他们能把教育者的要求,变为自己努力的目标。要帮助受教育者树立明确的是非观念,善于区别真伪、善恶和美丑,鼓励他们追求真、善、美,反对假、恶、丑。要培养受教育者自我认识、自我监督和自我评价的能力,善于肯定并坚持自己正确的思想言行,勇于否定并改正自己错误的思想言行。要指导受教育者学会运用批评和自我批评这种自我教育的方法。

　　2.《与学生谈他人教育》

　　21世纪的教育将以学会"关心"为根本宗旨和主要内容。一般认为,"关心"包括关心自己、关心他人、关心社会和关心学习等方面。"关心他人"无疑是"关心"教育的最为重要的方面之一。学会关心他人既是继承我国优良传统的基础工程,也是当前社会主义精神文明建设的基础工程,是社会公德、职业道德的主要内容。许多革命伟人,许多英雄模范,他们之所以有高尚境界,其道德基础就在于"关心他人"。本书就学生的生命与他人教育问题进行了系统而深入的分析和探讨。

3.《与学生谈自然教育》

自然教育是解决如何按照天性培养孩子,如何释放孩子潜在能量,如何在适龄阶段培养孩子的自立、自强、自信、自理等综合素养的均衡发展的完整方案,解决儿童培养过程中的所有个性化问题,培养面向一生的优质生存能力、培养生活的强者。自然教育着重品格、品行、习惯的培养;提倡天性本能的释放;强调真实、孝顺、感恩;注重生活自理习惯和非正式环境下抓取性学习习惯的培养。

4.《与学生谈社会教育》

现代社会教育是学校教育的重要补充。不同社会制度的国家或政权,实施不同性质的社会教育。现代学校教育同社会发展息息相关,青少年一代的成长也迫切需要社会教育密切配合。社会要求青少年扩大社会交往,充分发展其兴趣、爱好和个性,广泛培养其特殊才能,因此,社会教育对广大青少年的成长来说,也其有了极其重要的意义。本书就学生的生命与社会教育问题进行了系统而深入的分析和探讨。

5.《与学生谈创造教育》

我们中小学实施的应是广义的创造教育,是指根据创造学的基本原理,以培养人的创新意识、创新精神、创造个性、创新能力为目标,有机结合哲学、教育学、心理学、人才学、生理学、未来学、行为科学等有关学科,全面深入地开发学生潜在创造力,培养创造型人才的一种新型教育。其主要特点有:突出创造性思维,以培养学生的创造性思维能力为重点;注重个性发展,让学生的禀赋、优势和特长得到充分发展,以激发其创造潜能;注意启发诱导,激励学生主动思考和分析问题;重视非智力因素。培养学生良好的创新心理素质;强调实践训练,全面锻炼创新能力。本书就学生的生命与创造教育问题进行了系统而深入的分析和探讨。

6.《与学生谈非智力培养》

非智力因素包含:注意力、自信心、责任心、抗挫折能力、快乐性格、探索精神、好奇心、创造力、主动思索、合作精神、自我认知……本书就学生的非智力因素培养问题进行了系统而深入的分析和探讨,并提出了解决这一问题的新思路、可供实际操作的新方案,内容翔实,个案丰富,对中小学生、教师及家长均有启发意义。本书体例科学,内容生动活泼,语言简洁明快,针对性强,具有很强的系统性、实用性、实践性和指导性。

7.《与学生谈智力培养》

教师在教学辅导中对孩子智力技能形成的培养,应考虑智力技能形成的阶段,采取多种教学措施有意识地进行。本书就学生的智力培养教育问题进行了系统而深入的分析和探讨,并提出了解决这一问题的新思路、可供实际操作的新方案,内容翔实,个案丰富,对中小学生、教师及家长均有启发意义。本书体例科学,内容生动活泼,语言简洁明快,针对性强,具有很强的系统性、实用性、实践性和指导性。

8.《与学生谈能力培养》

真正的学习是培养自己在没有路牌的地方也能走路的能力。能力到底包括哪些内容? 怎样培养这些能力呢? 本书就学生的能力培养问题进行了系统而深入的分析和探讨，并提出了解决这一问题的新思路、可供实际操作的新方案，内容翔实，个案丰富，对中小学生、教师及家长均有启发意义。本书体例科学，内容生动活泼，语言简洁明快，针对性强，具有很强的系统性、实用性、实践性和指导性。

9.《与学生谈心理锻炼》

心理素质训练在提升人格、磨练意志、增强责任感和团队精神等方面有着特殊的功效，作为对大中专学生的一种辅助教育方法，不仅能够丰富教学内容，改革教学模式，而且能使大学生获得良好的体能训练和心理教育，增强他们的社会适应能力，提高他们毕业之后走上工作岗位的竞争力。本书就学生的心理锻炼问题进行了系统而深入的分析和探讨。

10.《与学生谈适应锻炼》

适应能力和方方面面的关系很密切，我认为主要有以下几个方面：社会环境、个人经历、身体状况、年龄性格、心态。其中最重要是心态，不管遇到什么事情，都要尽可能的保持乐观的态度从容的心态。适应新环境、适应新工作、适应新邻居、适应突发事件的打击、适应高速的生活节奏、适应周边的大悲大喜，等等，都需要我们用一种冷静的态度去看待周围的事物。本书就学生的社会适应性锻炼教育问题进行了系统而深入的分析和探讨。

11.《与学生谈安全教育》

采取广义的解释，将学校师生员工所发生事故之处，全部涵盖在校园区域内才是，如此我们在探讨校园安全问题时，其触角可能会更深、更远、更广、更周详。

12.《与学生谈自我防护》

防骗防盗防暴与防身自卫、预防黄赌毒侵害等内容，生动有趣，具有很强的系统性和实用性，是各级学校用以指导广大中小学生进行安全知识教育的良好读本，也是各级图书馆收藏的最佳版本。

13.《与学生谈青春期情感》

青春期是花的季节，在这一阶段，第二性征渐渐发育，性意识也慢慢成熟。此时，情绪较为敏感，易冲动，对异性充满了好奇与向往，当然也会伴随着出现许多情感的困惑，如初恋的兴奋、失恋的沮丧、单恋的烦恼等等。中学生由于尚处于发育过程中，思想、情感极不稳定，往往无法控制自己的情绪，考虑问题也缺乏理性，常常会造成各种错误，因此人们习惯于将这一时期称作"危险期"。本书就学生的青春期情感教育问题进行了系统而深入的分析和探讨。

14.《与学生谈青春期心理》

青春期是人的一生中心理发展最活跃的阶段，也是容易产生心理问题的重要阶段，因此要关注心理健康。本书就学生的青春期心理教育问题进行了系统而深入的分析和探讨，并提出了解决这一问题的新思路、可供实际操作的新方案，内容翔实，个案丰富，对中小学生、教师及家长均有启发意义。本书体例科学，内容生动活泼，语言简洁明快，针对性强，具有很强的系统性、实用性、实践性和指导性。

15.《与学生谈青春期健康》

青春期常见疾病有，乳房发育不良，遗精异常，痤疮，青春期痤疮，神经性厌食症，青春期高血压，青春期甲状腺肿大，甲型肝炎等。用注意及时预防以及注意膳食平衡和营养合理。本书就学生的青春期健康教育问题进行了系统而深入的分析和探讨，并提出了解决这一问题的新思路、可供实际操作的新方案，内容翔实，个案丰富，对中小学生、教师及家长均有启发意义。本书体例科学，内容生动活泼，语言简洁明快，针对性强，具有很强的系统性、实用性、实践性和指导性。

16.《与学生谈青春期烦恼》

青少年产生烦恼的生理原因是什么？青少年的烦恼有哪些？消除青春期烦恼的科学方法有哪些？本书就学生如何摆脱青春期烦恼问题进行了系统而深入的分析和探讨，并提出了解决这一问题的新思路、可供实际操作的新方案，内容翔实，个案丰富，对中小学生、教师及家长均有启发意义。本书体例科学，内容生动活泼，语言简洁明快，针对性强，具有很强的系统性、实用性、实践性和指导性。

17.《与学生谈成长》

成长教育的概念，从目的和方向上讲，应该是培育身心健康的、适合社会生活的、能够自食其力的、家庭和睦的、追求幸福生活的人；从内容上讲，主要是素质及智慧的开发和培育。人的内涵最根本的是思想，包括思想的内容、水平、能力等；外显的是言行、气质等。本书就学生的健康成长问题进行了系统而深入的分析和探讨，并提出了解决这一问题的新思路、可供实际操作的新方案，内容翔实，个案丰富，对中小学生、教师及家长均有启发意义。

18.《与学生谈处世》

处世是人生的必修课，从小要教给孩子处世的技巧，让孩子学会处世的智慧，这对他们的成长至关重要。本书从如何做事、如何交往、如何生活、如何与人沟通、如何处理自己的消极情绪等十个方面着手，力图把处世的智慧教给孩子，让孩子学会正确处理复杂的人际关系。本书体例科学，内容生动活泼，语言简洁明快，针对性强，具有很强的系统性、实用性、实践性和指导性。

19.《与学生谈理想》

教育是一项育人的事业，人是需要用理想来引导的。教育是一项百年大计，大计是需要用理想来坚持的。教育是一项崇高的事业，崇高是需要用理想来奠实的。学校没有理想，只会急功近利，目光短浅，不能真正为学生终身发展奠基；教师没有理想，只会自怨自艾，早生倦怠，不会把教育当作终身的事业来对待。学生没有理想，就没有美好的未来。本书就学生的理想信念问题进行了系统而深入的分析和探讨，并提出了解决这一问题的新思路、可供实际操作的新方案，内容翔实，个案丰富，对中小学生、教师及家长均有启发意义。

20.《与学生谈人生》

人生观是对人生的目的、意义和道路的根本看法和态度。内容包括幸福观、苦乐观、生死观、荣辱观、恋爱观等。它是世界观的一个重要组成部分，受到世界观的制约。本书就学生如何树立正确的人生观问题进行了系统而深入的分析和探讨，并提出了解决这一问题的新思路、可供实际操作的新方案，内容翔实，个案丰富，对中小学生、教师及家长均有启发意义。本书体例科学，内容生动活泼，语言简洁明快，针对性强，具有很强的系统性、实用性、实践性和指导性。

由于时间、经验的关系，本书在编写等方面，必定存在不足和错误之处，衷心希望各界读者、一线教师及教育界人士批评指正。

编者

目 录

第一章

学会生存　学会生活

第一节　学会生存

1. 活在希望当中

人要活在希望里，哪怕你的希望在不停地破灭，也要鼓足勇气去继续寻找并构建新的希望。只有这样，生活才会变得充满张力，人生才会丰富而又多彩。什么是希望？希望就是这样的一种东西：无论你自由还是不自由，在困境中或是在悠闲地享受生命，还在挣扎着抑或是已经置所有的一切以度外，你都可以拥有，并可以让你更加坚强地面对现实。希望是美好的，只要我们心中充满希望，任何困境都可以度过，只要心中充满希望，我们的心就永远年轻。所以，人是要活在希望当中的。

生活之中离不开希望

希望是梦想，是理想，是志向……是一个值得让自己去努力奋斗的目标和方向。它不一定会很大，但却是生命的需要，或者说是支撑。生命只有在追逐希望的过程中才能感受到它的存在并体现出其意义，一旦没有了希望，那它就会变得虚无且缥缈。就像万物生长所需要的红太阳，虽然不能每天都如期的出现，但是一旦没有了它，世界将会变得黑暗且荒芜。不经历风雨，怎么见彩虹，阳光总在风雨后，只要努力，只要坚持，只要心存希望，梦想终将变成现实。

只要心中充满希望，就有可能成就不平凡的事业。巴顿将军曾说

2

过:"一个不想当将军的士兵不是一个好兵。"将军是每一个军中男儿的梦想,是钢铁板块里的骄傲,是戎马生涯里的最高荣誉。它召唤着一代又一代军人为之奉献了自己的青春和热血,造就了无数可歌可泣的动人篇章。虽然并不是所有的军人都能成为将军,但他们心怀希望不断奋斗的精神却值得人们去学习。

希望对于年轻气盛的青少年来说,一定要立足于现实,切忌好高骛远。因为任何一个愿望的实现都是必须具备一定的条件的。因此,当要构建一个新希望时,必须立足现实,去伪存真,找准差距,精谋细划,明确方向,否则就是梦幻泡影,水中捞月。敬爱的周恩来总理在少年时就树立了"为中华之崛起而读书"的远大志向,最终经过不懈的努力得以实现。乱世救国,是热血男儿的责任;追求真理,是成就伟业的方向。由此可见,总理的志向是远大的,也是现实的。如今的国家兴旺发达,人民安居乐业,那么,你的希望只要有益于个人的成长进步,有益于家庭的幸福安宁,有益于社会的繁荣昌盛,就是现实的。所谓山不在高、水不在深,只要心存希望,就能在你奋斗、实现与跨越的过程中体现出生命的价值。

希望是勇气,是信心,是力量……当挫折与失望对你纠缠不休时,当梦想一再破灭时,不妨给予自己新的希望,重拾行囊,怀揣坚强的意志和不屈的信念,勇敢地启动新的征程,去迎接明天那一轮崭新的太阳。

亚历山大大帝,曾带给希腊和东方世界文化交流的契机,开辟了一直影响至今的丝绸之路。据说他投入了全部的青春热情与希望,出发远征波斯之时,曾将他所有的财产分给了群臣。为了登上讨伐波斯的漫长征途,他必须购买种种军需品和粮食等物,为此他需要巨额的资金。但他把珍爱的财宝和自己领有的土地,几乎全部分给了臣子。

群臣之一的庇尔狄迦斯感觉奇怪，于是就问亚历山大大帝："陛下带什么启程呢?"对此，亚历山大回答说："我只有一个财宝，那就是'希望'。"庇尔狄迦斯听过此话之后，说："那么请允许我们也来分享它吧。"于是，他谢绝了分配给他的财产，而且臣下中的许多人也模仿了他的这种做法。

所以说，人生不能无希望，所有的人都要生活在希望当中。假如有人生活在无望的人生当中，那么他只能是失败者。其实，人很容易遇到失败或障碍，如果悲观失望，那么在严酷的现实面前，就会唉声叹气、牢骚满腹，甚至失掉活下去的勇气。相反，身处逆境而不丢掉希望的人，肯定会打开一条光明之路，在内心里也能体会到人生的真正愉悦。在青少年逐步走向社会生活的路上，最重要的既不是财产，也不是地位，而是像火焰一般在自己胸中熊熊燃起的信念——希望。

有希望，生活才有价值

生活的轨道原本就是一条曲折而又坎坷的泥路。自降生起，你便在这泥泞的道路中寻找自己所追求、所向往的梦想。当你回头望去，看到的是一个个的脚印，或深或浅，它们时常提醒或暗示着你——你所走过的路，一定要充满希望!

史蒂芬·霍金，1942年1月8日出生于英国，1963年被诊断出患了"卢伽雷病"，不久就完全瘫痪，被迫长期禁锢在轮椅上。1985年，他又因患肺炎进行了穿气管手术。此后，他完全不能说话，只能靠安装在轮椅上的一个小对话机和语言合成器与他人进行交谈，而看书必须依赖一种翻书页的机器。在这种一般人难以置信的艰难中，他成为世界公认的引力物理科学巨人，提出了著名的"黑洞理论"。他的成就是令人惊叹的，于是1974年理所当然地当选为英国皇家学会最年轻的会员，1979年任剑桥大学路卡讯讲座教授——牛顿曾经也担任过的这样的职位，后来还有着"继爱因斯坦以后世界上最杰出的理论物理学家"美誉。

大部分人是从畅销的科学书籍《时间简史》才开始了解霍金的。1988年他撰写了《时间简史》，迄今已被译成30多种语言，在全世界发行超过2500万册。不久前，他的新著《果壳中的宇宙》问世，并获得了"安万特科学图书奖"。阅读过他的著作的人，会生出这样的感受，像他的新著《果壳中的宇宙》，题名出自莎士比亚戏剧《哈姆雷特》中一句台词："我即使被关在果壳之中，仍自以为无限空间之王。"霍金的回答大多简洁明了，也不乏睿智和幽默。一位记者希望霍金预测下世纪最伟大的科学发现会是什么，霍金说："如果我知道，我就已经把它做出来了。"场内一片笑声，而霍金接下去的话又耐人寻味，使人体味到科学中蕴含的哲理思想，他说："科学发现是某种不可预料的东西，将非常奇异的到来，它是由想象力的跳跃组成的，科学就是这样的发展。"

也许，我们会埋怨上天的不公，让一个风华正茂的青年禁锢于轮椅上，剥夺了他本应与同龄人一样拥有的朝气、自由与美好的前途。也许，我们有过这样一个疑问：如果没有疾病的折磨，也没有被禁锢于轮椅上，霍金会不会有比现在更伟大的科学成就？相信人们都希望听听霍金本人对这个问题的看法。他的回答是："我认为我的科学研究没有多大影响。自《时间简史》之后，我的科学观点得到发展，但是没有根本性的改变。"当记者问霍金除了科学研究带来的乐趣之外，生活中最大的快乐是什么时，他回答说："我享受生活，热爱生活，巨大的快乐来自于对生活充满希望和我的家庭。"

今天，霍金所获得的巨大成就，是他与不公命运斗争的结果。同时，也告诉了我们：不要被命运绳索所束缚，应该把命运紧紧地握入手中，自己去争取属于自己的！而这一点就需要有勇气，有希望。记得培根曾说过："灰心生失望，失望生动摇，动摇生失败。"所以，拥有坚定的希望才是最关键的。

生活道路的曲折在霍金的人生中随处可见，可他并没被这些困难所压倒，而是毅然凭着自己的信念坚强地走了过来。看看霍金脸上的沧桑和笑容，四肢健全、青春活力的你们还有什么可以去埋怨呢？只要心中有希望，有理想，有意志，还有什么不能解决的呢？

所以，心中常存希望，就会有追求，有追求就有了意义，有了价值，你也就能走向成功的彼岸。

2. 保持乐观的心态

心态决定一切，心态好了看着什么都顺眼，做什么事都顺心。比如学习，心态的好坏直接关系到学习的最终结果的好坏。就如法国著名作家拉伯雷所说的："生活是一面镜子，你对它笑，它就对你笑；你对它哭，它就对你哭。"如果每天都能保持乐观的心态，那么，我们每天的生活都是快乐和充实的。

乐观的心态是战胜一切的法宝

当你看到只有半杯水的杯子时，你会怎么想呢？你会说"我还有半杯水"，还是会说"我只有半杯水"。"还有"、"只有"仅一字之差，但表现出的却是完全不同的人生态度，一个是积极乐观，一个是消极悲观，而注定的结果就是一个成功，一个失败。在人的一生中，成功之路也不是畅通无阻的，难免会遇到一些挫折。面对挫折和困难，心态积极、乐观向上的人会接受挑战、应对挫折，无论做什么事都会以愉悦的心情对待，自然就有成功的机会，也可以说已经成功了一半；

而消极悲观的人，总是怨天尤人、夸大困难，结果只能是碌碌无为，从而使自己的人生路走向下坡，掉进失败的深渊。

乐观者因积极的心态，所以总是可以保持清醒的头脑，在危难中找到转机；悲观的人即使给了他机会，他的眼里也只看得到危难。

有一个美国女孩，在她小时候因一次意外眼睛受了重伤，最终导致双目失明，但庆幸的是通过手术，她还能通过左眼角的小缝隙来看这个世界。面对生活给予的"礼物"、上帝赋予自己的残缺的身体，她没有因此而悲观，不仅接受了现在的自己，而且更加坚定了活下去、要活得更好的信念。她很喜欢和小朋友们一起玩跳房子的游戏，为解决眼睛看不到记号的问题，只有努力把每个角落都记在脑子里，然后快乐的像个正常人一样。凭借着一股韧劲，她曾到一个乡村里教过书，在教书之余，她还在妇女俱乐部做演讲，到电视台里做谈话节目。双目的缺陷并没有影响她的人生，相反，她以积极乐观的态度、努力奋斗的毅力获得了明尼苏达大学的文学学士及哥伦比亚大学的文学硕士学位。她所著的自传体小说《我想看》在美国轰动一时，成为畅销名著，激励了无数人的斗志。她就是波基尔多·连尔，她曾这样说："其实在内心深处，我对变成全盲始终有着一种不能言语的恐惧感，但我也深知，这种恐惧不会给我带来一点益处，我只有以一种乐观的心态去面对这一切，激励自己，才能最大效的改变现状。"也正是她这种乐观的心态，不仅成就了她辉煌的人生，也使她在 52 岁时，经过两次手术，获得了高于以前 40 倍的视力，又一次看到美丽绚烂的世界。

人们总是认为，一个人的成功依赖于某种天分或某种优越的条件，但我们却从波基尔多·连尔的身上看到积极乐观心态所带来的力量。试想，如果她在失明后自暴自弃，终日活在对老天不公平的抱怨中，还怎么去支配和控制自己的人生，又怎么能拿出勇气去克服困难，面对更残酷的命运。

随着信息时代的来临，社会的竞争也越来越激烈，对于肩负使命的青少年来说，也将要面对更多的压力与挫折，用怎样的态度去对待生活也决定了日后会有怎样的未来。其实，困难就像弹簧，你强它就弱，你弱它就强，生活中很多失败，并不是因为我们能力不行，而是因为给了自己的悲观。所以说困难并不可怕，只要你能乐观地看待所面临的一切，你就能站在巨人的肩膀上，获得比顺境更为强大的力量，看得更高走得更远。

保持乐观的心态对青少年尤其重要

渴望人生的愉悦，追求人生的快乐，这是人的天性，每个人都希望自己的人生是快乐、充满欢声笑语的。快乐是一种积极的处世态度，是以宽容、接纳、愉悦的心态去看待周边的世界。月有阴晴圆缺，人有悲欢离合。生活也是由哭与笑、风雨和彩虹、成功与失败组成的。而乐观与悲观，就像是阳光与阴影存在于我们的生活中，拥有乐观的心态，每天微笑地迎接风雨和彩虹，面对现实，面对困难和挫折，是青少年掌握人生命运所必须具备的心态之一。

面对现实以及面临生存的竞争，怎样才能使自己的心理保持乐观的心态，使乐观成为不可或缺的维他命，来滋养自己的生命呢？

对于每个人来说，乐观两个字都是说起来容易但做起来难，对于青少年来说自然也一样。英国思想家伯特兰·罗素曾说过："人类各种各样的不快乐，一部分是根源于外在社会环境，一部分根源于内在的个人心理。"也就是说悲观随处可以找到，但要做到乐观就需要智慧，必须付出努力，敢于面对现实，才能使自己保持一种人生处处充满生机的心境。

　　人们无法通过自身的努力去改变自己的生存状态，但人可以通过自己的精神力量去调节自己的心理感受，尽量地将其调适到最佳的状态。要拥有乐观的心态，首先目光就要盯在积极的那一面，就如太阳落山后，伴随着黑夜的来临，也还可以看到满天闪亮美丽的星星一样。世界是向微笑的人敞开的。乐观是人快乐的根本，是困难中的光明，是逆境中的出路，乐观能让你收获果实，收获成功，改变现状。

　　以不同的心态去看待身边的事物，就会收到不同的效果。乐观的人总是能从平凡的事物中发现美。其实，生活中从来都不乏欢乐，只要你用心体会。正如一位有智者所说的那样："一个人感兴趣的事情越多，快乐的机会也越多，而受命运摆布的可能性便越少。"当代青少年也应拿出面对生活的勇气，不要总是抱怨逆境，也不要把逆境当作是一种不幸，而是用积极乐观的人生态度，透过脏兮兮的窗户玻璃看窗外美丽的景色。

　　青少年不论何时何地，不论做什么事，都要端正自己对生活、工作及学习的态度。要学会用积极的心态去发现生活中人或事美好的一面，热情地生活，愉快地工作，轻松地学习，以乐观旷达的胸怀面对每一天。

　　不要再抱怨命运的不公，也不要再抱怨上天给予你太多的磨难，无论在多么困难恶劣的环境里，换一种观点、换一种眼光、换一种心态看待所遇到的每一件事。青少年应该努力让自己拥有积极进取的阳光心态，乐观地对待生命中的风雨和彩虹，发挥自己的优长，激励自己的热情，挖掘自己的潜能，昂首挺胸地走在光明大道上，接受生命的洗礼。

　　狂风暴雨之后的彩虹才会更美丽，只有经历破茧的痛苦才能进行身体的蜕变，所以请乐观地面对吧，明天会更美好，成功就在不远处。

3. 风雨中历练自己

罗曼罗兰说："天才免不了有障碍，因为障碍会创造天才。"记得巴尔扎克说过："苦难是人生的老师。"这是一个普遍的现象：即便是成功者和大人物，他们在事业的开头也往往是以挫折和失败为开场白的，而且即便日后获得了成功，还经常会碰到挫折，这一点与一般人对功成名就的成功者的理解并不相同。

人才往往是在逆境中产生的

大剧作家兼哲学家萧伯纳曾经写道："成功是经过许多次的大错之后才得到的。"在通常情况中，经历过无数次的痛苦失败才能得到伟大的成功。成功出于从错误中学习，因为只要能从失败中学得经验，便永不会重蹈覆辙。所以，失败就如冒险和胜利一般，它也是生命中必然具备的一部分。

当我们遇到挫折时，必须记住：每一次失败都是供我们再踏上更高一层的阶梯。当然，在这途中，我们难免会感到灰心与疲惫，但我们要知道，就像世界重量级冠军詹姆士·柯比常说的："你要再战一回合才能得胜"。每一个人的内在都有无限的潜能，但除非你知道它在哪里，并坚持用它，否则毫无价值。所以，在遇到困难时，你要再战一回合。

贝多芬的一生充满了痛苦：父亲的酗酒和母亲的早逝，使他从小失去了童年的幸福。当别人家的孩子还在无忧无虑地享受欢乐和爱抚的时候，他却必须得像大人一样承担起整个家庭的重任，并且成功地维持了这个差点陷入破灭的家庭。这是命运赐予他的第一个磨难，但这磨难并没有击垮他。

后来，由于家庭的缘故，他青年时期就失意孤独，而当他在步入创造力鼎盛的中年时，他又患耳疾，双耳失聪。对于一个音乐家来说，还有比突然耳聋的打击更沉重的吗？贝多芬一生中几次濒于崩溃的境地，他在三十二岁时就写下了的遗嘱。但后来，他还是顽强地战胜了命运的打击。他曾经大声呼喊："我要扼住命运的咽喉，它决不能把我完全推倒。"即便是在困难重重最痛苦的时候，他还是凭着自己的坚强斗志完成了清明恬静但又激昂奋斗的《第二交响曲》。他一生经历无数次的挫折与磨难，但是，每一次痛苦和哀伤都被他转化为欢乐的音符与壮丽的乐章。他的一生就是一部交响乐。故而，他后来被人们称为"交响乐之王"。

其实，在生活中，每个人都不可避免地遇到一些挫折与困难，对此，作为青少年决不能低头，而应以一种积极的心态，理智、客观地分析挫折产生的原因，并采取恰当的方法来克服挫折。应感谢挫折，生活因此而丰富，人生的体验因此而深刻，生命也因此而更趋完美。不经历风雨怎么见彩虹。其实没有人能够随随便便成功，只要我们以积极健康的心态去面对困难和挫折，就可以做到"不在失败中倒下，而在挫折中奋起"。在很多时候，挫折也是人生旅途上的一块巨石，利用它，你可在砥砺精神的刀锋，开掘生命的金矿，从自信、乐观、勇敢、诚实、坚韧之中找到人生的方向。

越挫越勇，找到生命支点

古人云：天将降大任于斯人也，必先苦其心志。这个世界，确实存在太多问题，也许有太多不如意，但是生活还是要继续。无论面临什么样的挫折，都可以看作是上帝给予的恩赐，目的是要锻炼自己。

美国伟大的演说家爱默生曾说过："每种挫折或不利的突变，是带着同样或较大的有利的种子。"古希腊的伟大的哲学家毕达哥拉斯也曾说过："短时期的挫折比短时间的成功好。"而生活中这样的人还有很多。"当代保尔"张海迪已与病魔抗争了四十五个春秋，带给人们宝贵的精神财富和热情洋溢的笑容。在艰辛和病痛面前，他们选择了独立和坚强，选择了责任和担当。在他们看来，只要脊梁不弯，就没有扛不起的重担；只要精神不垮，就没有解不开的难题。

洪战辉的家庭遭受了重大变故：父亲突发间歇性精神病，饱受伤痛的母亲不辞而别，家中还有一个年幼的弟弟，病后捡到的遗弃女婴需要照顾……这个家庭的重担压在当时只有 12 岁的长子——洪战辉身上。十年如一日，洪战辉一边读书一边克服难以想象的困难，照看时常发病的父亲，抚养捡到的妹妹……

父亲，妹妹，生活的重担压在他稚嫩的肩膀上，惟一能做的只是坚持，再坚持！在日记中，他这样写到："我会坚持，我觉得每个人都有责任，不但对自己、对家庭，还有对社会。只是默默地走，不愿放弃。"一份责任让他支撑住，一种永不言弃的心态让他逐渐成熟。几度面临辍学，他没有放弃，而是凭着自己的一双手，艰难地维持着妹妹的生活、照料着父亲的疾病，坚持自己的学业，这看似没有可能的事情被他在汗与血与泪中见证。在生活中他承受了常人难以承受的痛苦，扛住了常人难以想象的重担。

如此艰难的生活让他学会了自立、自强，以至于在人们向他伸出援助之手时，他选择了拒绝："不接受捐款，是因为我觉得一个人自立、自强才是最重要的！苦难和痛苦的经历并不是我接受一切捐助的资本。一个人通过自己的奋斗改变自己劣势的现状才是最重要的。"

"自古雄才多磨难"，面对挫折，青少年应当拿出勇气和耐心，并对自己说："风雨中这点痛算什么"。主动出击，迎接挑战，直面挫折，笑对挫折，把挫折当作前进中的踏脚石，然后拥抱胜利。因为挫折是福，所以注定在我们岁月中搏击风浪、经历考验时奠定更加坚固的基础，谱写出美好的人生之歌。

4. 追求"完美"要不得

水至清则无鱼，人至察则无徒。

追求完美，是人类自身在成长过程中的一种心理特点或者说一种天性，它更是一种积极的生活态度。然而，过于追求完美却不见得是一件好事。因为人的欲望是无止境的，有了好的工作，又要有好的生活；有了好的生活，又要有好的爱情；有了好的爱情，还要有好的身体。这样的生活态度不会给人带来轻松，反而压力重重。也许人们正是有了这种不满足于现状的心态，才会不断地追求奋斗，生活中才多了那么多的精彩瞬间。但是时间长了，就会形成这样一种情景：似乎任何一件事情都达不到让自己满意的状态，吃不好也睡不好，总觉得心里有个疙瘩，很不舒服。这样的生活活起来不是会很累吗？

其实，我们在做事情的时候，真的不需要太过于追求完美，因为天底下几乎没有什么事情是可以做到天衣无缝的。任何事情都有个度，就像水到了100℃就会沸腾，低于0℃就结冰一样，是很自然而然的事情。追求完美也是一样，如果超过了这个度，那么反而会离完美越来越远了，所以实在没有必要刻意地去强求它。

刻意追求完美，完美反而更远

一个渔夫在一次打鱼的时候，捞到了一颗珍贵的珍珠，他很高兴，但令人遗憾的是珍珠上面有一个小小的黑点。渔夫就想："如果能想办法把这个小黑点去掉的话，那这颗珍珠就会成为无价之宝了，到时候我就发财了。"于是，他把珍珠去掉了一层，但是黑点仍然存在，

13

又剥了一层，黑点还是存在。直到最后，黑点消失了，但珍珠也不复存在。

在现实生活中，我们又何尝不是如此，为了追求完美反而得到更加不完美，我们所付出的代价往往就是把"大珍珠"也追求没了。自己跌进完美自身所造成的误区里，心理上渐渐地磨出了老茧，却浑然不知。所以，青少年对自己的期望不能过高，够好就行了。浪费太多时间和力气去追求完美，结果却常常是没有时间做好任何事情，想要面面俱到，却是一面也不到。

《管子》说："斗满人概，人满天概。"古人用斗作为量器，一斗的标准是斗要平，如果太满了，就用一把尺一样的东西把多余的部分刮下来，而这用来刮斗的东西就是"概"。这句话的意思就是说。斗满的时候，人会把它概平；而人满的时候，上天会把他概平。人是最不容易满足的动物，不满足的根源就在于人的贪心太大了，正因为有了贪心，人们才会费尽心机去寻找十全十美的东西。但生活中的缺憾却不可避免地存在了，如果人人都对缺憾无法释怀，那么就一定会造成心理的负担、障碍乃至疾病。如此得不偿失，又何必执著呢？要知道，有时候完美也是一种缺陷，缺陷未必不是完美。

其实，生活中的事情，能够终结时就让它终结，如果和事情本身没有多大的关系，就不要再费心费力地追求了。如果一个人常常对问题的细枝末节甚至一丝一毫都不肯漏掉，后果只会是枝节横生，甚至给别人也带来无穷的牵连。试想一下，闻名世界的维纳斯雕像若不是失去了双臂，那她是否还能像现在一样受到人们的推崇？

追求完美的人，实际是可怜的人

其实，不管做任何事情，只要尽自己最大的努力就好。所谓"过犹不及"，当我们为一点点的失误而再重新来做时，往往会错过身边更加美丽的风景。

俗话说："金无足赤，人无完人。"做事情是这样，对待自己更是这样。拥有天使的容貌和魔鬼的身材固然是每一个女人永无止境的追求，但一个脸上长有一颗红痣的女人，不是更显得妩媚动人？有人曾经说过："一个完美的人，在某种意义上说，是一个可怜的人。"难道你宁愿要做一个完美的可怜虫，也不做一个不完美的人吗？所以说，我们不要自寻烦恼，不要作茧自缚，更无需给自己戴上原本可以不存在的精神枷锁。完美本来就不存在，又何必苦苦追求一些虚无缥缈的东西呢？

一个男人，倾尽一生在寻找一个完美的女人，以至于直到他70岁的时候，他还没有结婚。于是有人问他："你寻找了一辈子，也找遍了世界上很多地方，难道就连一个完美的女人都没有遇到吗？"这个男人十分伤心地说："有一次，我碰到了一个完美的女人。"那个人又问："那你为什么没有和她结婚呢？"这个男人很无奈地说："没有办法，她也正在寻找一个完美的男人。"

毫无疑问，故事中的男女主人公都在追求一种至善至美的爱情，在他们的心中都描绘了一个完美无缺的异性，他们也希望在现实生活中可以找到和心目中所想象的一模一样的人，可是最终他们谁也没有遇到。完美是一句极具诱惑力的口号，却也是一个漂亮的陷阱。过于追求完美，只不过是堵死了通往爱情、通往婚姻的那扇门，自己已经掉进了完美的陷阱却全然不知，还以为睡在了席梦思软床上。

事实上，世界上没有一个人是完美无缺的，有志未必有心，有心未必有力，有力未必有钱，有钱未必有情，有情未必有爱，有爱未必有缘，有缘未必有份，有份的又未必能在一起和平相处。所以，这个世界上也根本不存在完美无缺的爱情，真正的爱情不只是最初的浪漫情怀，更多的是爱情过后的平淡的岁月，是一种浪漫过后的真实的生活。那种生活，就如一条小溪般在生命的长河中缓缓流过，波澜不惊地、又淡然地在你的生命长河中荡涤出一条涓涓细流，时刻滋润着你的生命。所以，青少年不必追求事事都有好的表现，不必一开始就要求自己做到十全十美，保持一颗平常心，才是完美的心境。

在爱情中，青少年不要刻意地奢望对方能够给予我们很多，而是应该想着怎样为对方付出，更应该对这份爱情心存感激，尝试着做一个懂得爱与被爱的人。也唯有尝试了，才会懂得爱情不是完美无缺，有着许许多多的缺点，但也终有一些东西是值得我们欣赏的。爱情，不追求完美，它要的是一种畅快的心情、一种愉悦的感觉、一种超脱的自由、一种淡然的态度。

世界上没有绝对的完美，现代医学甚至认为，过分追求完美是一种强迫症，主要特征是苛求完美。过分追求完美的人往往对自己要求太过于严格，同时又有些墨守成规、谨小慎微，会因为过分地重视事物的细节而忽视全局，优柔寡断的性格让他们面临意外时会不知所措。由于时刻都过度认真和拘谨，因此缺少灵活性，也很少会有自由悠闲的心境，缺乏随遇而安的潇洒，长期处于紧张和焦虑状态。

5. 泪水中学会微笑

威尔科克斯说："当生活像一首歌那样轻快流畅时，笑颜常开乃易事；而在一切事都不妙时仍能微笑的人，才活得有价值。"对于成长之路，人们有很多形象的比喻。有人说成长的过程就像剥洋葱，一层层地剥开，终有一片会让你落泪；也有人说，成长是由无数烦恼组成的念珠，但需要我们微笑着把它数完；更有人说愁眉苦脸地成长，成长的旅途必然淌满泪水，而爽朗乐观地成长，成长的历程必将笑容满面。成长，就是从泪水中学会微笑的过程！

流泪代表着懦弱，微笑意味着坚强

每个人的成长过程，都在高潮与低潮的轮回中沉浮，在四季循环往复之中延伸，成长包含着酸甜苦辣，在成长的路上也许我们曾经泪流满面，也曾经笑若桃花。既然艰辛与挫折无法逃避，困难与挑战无可避免，何不笑对成长之种种呢？殊不知，消极的流泪代表懦弱，积极的微笑才意味坚强！

一位哲人在面对秋天瑟瑟飘零的落叶时大笑道："它不是凋零，不是陨落，它是胜利者的凯旋。"哲人不仅有笑对叶逝的明朗心境，还有更换心态看待事物的勇气。花中有刺与刺中有花不仅顺序有异，也有积极与消极之分，前者是泪洒消极，后者则是笑对积极。

泪水是阴霾，压抑沉闷，而微笑是阳光，温暖明媚；泪水是乌云，厚重阴沉，微笑是清风，凉爽怡人；泪水是洪水，泛滥成灾，微笑是甘露，滋润心灵；泪水是雷雨，让人沉湎于惊恐和畏惧之中，久久无法自拔以至于懦弱到不堪一击，而微笑是溪流，让人在激越和跌宕之后，越发坚强，最后得以感受汇入大海时的波澜壮阔。成长教会你在泪水中学会微笑，于懦弱中体味坚强。微笑存在于一种经历风雨才见彩虹的信仰中，存在于一种海纳百川、有容乃大的宽容中，存在于一蓑风雨任平生的坦然中。泪水中依然美丽的微笑充盈着满足，挥洒着温馨；困境里爽朗的笑容是经历漫长的黑夜后，朝霞托出的黎明；懦弱里坚强的面容是万物复苏、生机勃勃之时，冰雪的悄然解冻。

在泪水中学会微笑，可以让你从容面对成长的坎坷，可以驱散少年的阴霾，化干戈为玉帛，可以增强信心，激发斗志，斧正思想，润清灵魂。古今中外，微笑诠释一切美好。蒙娜丽莎的微笑散发着魅力，梵高的微笑交织着执著，莎士比亚的微笑充盈着博大深邃，狄更斯的微笑深含着内蕴和高远。他们也曾遭遇过成长的痛苦和折磨，既有生活的困窘，有创作的彷徨，也有思想和作品不被人接受的无奈。然而，他们最终在泪水中不仅学会了隐忍的微笑，也学会了坚强与勇敢。

成长是一条艰辛的路，是一段艰难的旅程，泪中带笑需要一颗坚强的心。早晨的微笑预示着有美好一天的开始，你的激情会因此而涌起，热情地投入到今天的奋斗之中；中午的微笑是对继续前进的加油蓄注，奋斗在海面上的悠悠远航再接再厉；晚上的微笑是收获了一天的满足，是对自己的肯定，是为踏上新的征程积蓄力量。年少的你有泪不轻弹，不必抱怨学习中太多的压力，微笑会将所有的压力化为通往成功的铺路石；也不必担心前进道路上有太多的困难，微笑会让你看清这一切荆棘只不过是披着狼皮的羊；更不必责备上天的不测风云与旦夕祸福，微笑看待这天将降大任于斯人的准备。流泪是懦弱的表现，微笑是坚强的象征，成长之路上，再大的困难也要擦干泪水昂首阔步，再多的挫折也要用微笑串起一道道美丽的音符！

用微笑把泪水埋葬

微笑是世界上永不凋零的一种花朵，不分四季，不分南北，它会在困境之中顽强地绽放。用微笑把成长中的泪水埋葬，即使你饥寒交迫，也能感到人间的温暖；即使走入绝境，你也会重新看到生活的希望；即使孤苦无依，你也能获得心灵的慰藉。笑一笑，十年少。微笑可以化解苦难，给你成长的勇气，永远微笑的人是快乐的，永远微笑的面孔是年轻的。用微笑埋葬泪水，犹如挥洒阳光清洗泥泞，普照大地，给万物增辉。

有一年冬天，父亲到院子找柴火，发现自家培育多年的准备建房用的大树竟然毫无生气，叶子也掉光了。他以为自己多年的心血全没了，便失声痛哭并砍断了枝丫。儿子却笑着说："明年春天，它肯定能再长起来的。"并辛勤地护理起残存的树桩来。第二年春天，枯树上真的意外地萌发一圈嫩芽，它居然活了下来！

成长的路上，我们也会面临失望以及遗憾，或曾流泪沮丧，又或笑融冰雪。但要始终铭记住，用微笑便能埋葬泪水，收获新的希望。对待一切事物都要在笑容里充满信心，不要闷闷不乐时就放声痛哭，也不要在情绪低谷里掩面而泣，坚强的微笑后面总是晴天。毕竟，冬天到了，春天还会远吗？笑对成长的苦与忧，相信生命的枝头不久就会萌发新芽！

有人说："人，不能陷在痛苦的泥潭里不能自拔。遇到可能改变的现实，我们要向好处努力；遇到不可能改变的现实，不管让人多么痛苦不堪，我们都要勇敢面对，用微笑把痛苦埋葬。有时候，生比死需要更大的勇气与魄力。"用微笑埋葬泪水，便能在成长的旅途中感受到清风抚摸树林的温暖，夕阳燃烧天空的炽热，浪花冲刷礁石的激情……泪光闪闪之中若含盈盈笑容，便是快乐的诠释，幸福的真谛，温暖的意义，更是坚强的象征。

在成长中，我们会拥有阳光雨露、鸟语花香，在生活中夹杂着欢乐喜悦、烦恼忧伤。成长是化茧成蝶，破蛹而出的过程，虽有难挨的煎熬和难耐的疼痛，但纵览全局，却总是美丽动人的。不是成长旅途困境重重，不是前进路上荆棘密布，只是很多人知道眼泪中也可以含有微笑。面对成长，无论是失意沉沦还是挫折苦痛，不论是阴云密布还是雷电交加，都要擦干泪水，换上笑容。这样，你就会多一份自信，少一份失望，并可赞之为乐观；多一份勇气，少一份怯懦，亦能称之为坚强。当眼中有泪的时候，记得敞开你的胸怀，打开你的心灵，看看这个纷繁多姿的花花世界。扬起你的嘴角，便能把泪水随痛苦一起埋葬；放飞你的希望，便能让笑容如花儿一般绽放！

6. 压力中学会快乐

承受压力的重荷，喷水池才喷射出银花朵。当你在学习中遭遇强劲的对手，当你与周围的同学发生激烈的冲突，当你遭遇亲友的误解和疏远，当所有的不幸降临到你身上，面对这些成长的压力，你是否感到茫然、压抑甚至精神崩溃？其实大可不必这样，在压力中，你依然可以通过正确的减压来让自己快乐！

缓解压力，快乐至上

适当的压力对于青少年来说，可以克服惰性，促进学习的进步和发展。压力有时可以让我们满怀希望，朝气蓬勃。这是一种健康的心理。但是，压力也容易使人在长期紧张的生活中产生焦虑，出现心理失衡、情绪紊乱、身心疲劳等问题。尤其对失败者而言，由于主观愿望与客观满足之间出现巨大差距，加上有的青少年心理素质本来就存在不稳定因素，往往会引起他们的情绪消沉、精神变态，甚至出现犯罪或自杀。那么，在充满压力的学习生活中，如何才能扬长避短，保持快乐心情呢？

首先，应该对压力有一个正确认识。既然有压力，就会有成功和失败。关键是正确对待失败，要有不甘落后的进取精神。

其次，对自我有一个客观的、恰如其分的评估。

再者，在压力中要能审时度势，扬长避短。一个人的能力、兴趣和才能是多方面的，如果在实战中注意挖掘，那么，很可能会形成"柳暗花明又一村"的新局面。

作为青少年，朝气蓬勃，志向远大，就要学会缓解压力，以快乐至上。比如，赏花就是一种打开心灵之窗、进行心理"按摩"的好方法。在心烦意乱时，走到阳台上看看花，浇浇水，调整一下情绪；也可到花园之中漫步，以花为伴，观其千姿争艳，赏其万缕馨香，舒心爽气，心旷神怡，乐在其中。也可以谈心，俗话说："一个好汉三个帮。"在失意或受到挫折时，最需要朋友的关心和帮助。此时，你可找自己的知心朋友谈谈心，一吐心中的不快，朋友善意的劝导、热心的安慰会使你体味到友情的珍贵。还可以选择散步，心理学家研究证明，短短几分钟的散步有明显消除紧张的效果。不妨在放学后，每天抽出半个小时的时间去散步，当你放慢脚步时，你会突然发现自己因为整天忙于学习而忽略的周围美丽的景色，你会发现原来生活是如此的美好。有时间可以写日记，这是一个很好的宣泄渠道。如今，由于学习任务的加大，有写日记习惯的青少年越来越少了。其实，当心里有心事，而又不方便对他人提起，或者受到了什么委屈或产生怨恨时，都可以用日记记录下来。你会发现，在写的过程中，情绪在不知不觉中便就会稳定下来。

学会自我调解

如果在日常的学习生活中压力比较大，也可以采取一些有效的方法来消除压力，日积月累肯定会达到目的。

音乐疗法是治疗心理疾病的一种有效方法。当心情沮丧、闷闷不乐时，打开唱机，听听歌曲，你不仅可享受到一种美的艺术，而且可陶冶情操，激发热情，使你从中获得生活的力量和勇气。它对人的情绪有影响已经成为众所周知的事情，经常听欢快的音乐，对调节情绪有积极作用。尤其在心情不佳的时候听一些舒缓、轻松的音乐，能够让你紧张焦虑的情绪逐渐松弛下来。

把自己喜欢的照片整理好，把日常生活中所遇到的愉快的事情写在一张张卡片上，每当情绪有波动时，就打开卡片看一看自己储存的快乐，这样也有助于调节情绪。

可以适当调节一下饮食习惯。比如，冬季气候干燥，易"上火"，这时要多吃水果和清淡的食物，特别是适当增加一些甜食，对改善抑郁情绪有极大的帮助。

微笑可以使人振奋精神，但强作欢笑则是毫无用处的。心理学家告诫人们说，假笑、突然而短暂的笑和皮笑肉不笑都不能带来愉快的情绪。正确的方法应该是从文雅的微笑开始，逐渐发展为热情而开朗的笑，继而大笑。如果你一时想不起来令你发笑的趣事，就至少想些愉快的事。关键是用这一技巧使你一天的情绪保持高昂。毕竟，它是心理健康的润滑剂，有利于驱除烦恼、消除心理疲劳。因此，在心情焦虑时，不妨来点幽默，找点笑料，一笑解千愁。

古人曰："腹有诗书气自华。"当你遇到烦恼、忧愁和不快的事时，应首先学会自我解脱，去读一读或翻一翻你喜欢的书籍和杂志，分散心思，改变心态，冷静情绪，减轻痛苦。而且还可以采取高声朗读的方法，当你富于表情地朗读时，可以改变除悲伤以外所有不愉快的情绪。你可以朗读马克·吐温小说中某些有趣的篇章，或者狄更斯作品中讥讽辛辣的段落。据科学研究证明，抑郁症患者通过富有表情的朗读，可以大大地改善不良情绪。

充足的睡眠对于战胜压力至关重要。虽然学习时间紧，但还是要制订有效的时间表。这不仅仅意味着每天睡固定的几个小时，同时意味着每天在同一时间就寝，以保持你的生物钟节奏，而且它对于缓解学习中的压力非常有帮助。

"情绪美容"主要从四个方面着手：关注自我、放松心态、学会享受和懂得表达。你应该注重自己的情绪和心理状态，比如经常反思自己是否焦虑，是否抑郁，并寻找解决的办法，让自己时刻轻松愉快。对于那些进取心强、凡事都想争得第一的青少年来说，放松心态是尤为关键的。学习并不是生活的全部，除了向上奋斗，生活还应该是享受人生的快乐。只有学会享受，才能真正找到生活的乐趣。

7. 困境中保持微笑

任何人的一生之中都摆脱不了苦难，虽然程度不同，但苦难依旧是人生中不可避免的事情。如果把苦难看作是一种挫折，以一种悲观的心态去对待，那么，到最后只有被它所打倒。但苦难往往也是一个人生命中的转机，或许正如约瑟夫·艾迪逊所说："在人生的旅途中，真正的幸事往往以苦痛、丧失和失望的面目出现，只要我们有耐心，就能看到柳暗花明。"

困境中，依然要笑对人生

家境贫寒的谢坤山，很小就懂得了生活的不易和父母的辛苦。但是因为家里没钱供他读书，所以他很早就辍了学。贫困的家境使得他比同龄的孩子都早熟，从十二岁起，他就到工地上打工，用他那稚嫩的肩膀支撑着这个家。然而命运却偏不垂青这个懂事的孩子，总将灾难一次次降临到他的头上。在他十六岁那年，他因为误触了高压电，失去了双臂和一条腿；到了二十三岁，一场意外事故又使他失去了一只眼睛。之后，他心爱的女友也离他悄然而去了……

然而，接踵而来的打击并没有让他丧失对生活的希望，相反，他勇敢而满怀希望地面对这一切。为了不拖累可怜的父母，也为了不拖垮这个特困的家庭，他毅然选择了流浪。他独自一人带着一身残疾上路，从此与命运之神展开了博弈。

在流浪的日子里，他一边打工挣钱糊口，一边忙于公益事业，救助社会。后来，他渐渐地迷上了绘画，他想重新给自己灰色的人生着色。但那时候，他对绘画一无所知。于是，他就去艺术学校旁听，学习绘画技巧。没有手，他就用嘴作画，用牙齿咬住画笔，再用舌头搅动，因为这样，他的嘴角时常会渗出血来；少条腿，他就"金鸡独立"作画，通常一站就是几个小时。他酷爱在风雨中作画，捕捉那乌云密布、寒风吹袭的感觉。就在他人生最困顿的时候，一个的漂亮女孩竟然不顾父母的强烈反对，毅然走进了他的生活。

这使谢坤山的生命有了一个支点。从此，他更加勤奋作画，到处举办画展，作品也不断地在绘画大赛中获奖。俗话说："苦心人，天不负。"后来，他终于成了一位很有名的画家，赢得了人生的残局。

笑对人生中的困境，是一份超然。用这样一份超然的心态去对待一切，谢坤山赢得了爱情，有了一个幸福美满的家；赢得了事业，得到了社会的认可与尊重。他用自己传奇的一生，告诉人们一个很重要的道理：在困境中依然要保持微笑。

困境是上帝送给人类最好的礼物

人的一生就好像是一艘在时间的海洋里航行的航船。当你的船儿即将打造完毕，沐浴着金色的阳光下海远行时，你是否明白，人生的意义其实就在于去战胜一个又一个困难，驶过一片又一片险滩，最终到达胜利的彼岸。马克思先生曾说过："为了不在空虚的苟且偷生中生活碌碌无为，来吧，让我们一起走向坎坷不平的遥远征程。"可见，人生的意义就在于越过人生中的一个又一个困难，最终走向成功。

有一次，上帝来到人间视察民情，当他看到农夫种的麦子结实累累，感到很欣慰。但是，农夫见到上帝却说："50 年来我没有一天停止祈祷，祈祷年年不要有风雨、冰雹，不要有干旱、虫灾。可是，无论我怎样祈祷总不能如愿。"于是，农夫突然吻着上帝的脚说："全能的主呀！您可不可以明年满足一下我的请求，在这一年里，不要大风雨，不要烈日干旱，不要有虫灾?"上帝答应了他。

第二年，果然一年之内都没有狂风暴雨、烈日与虫灾，农夫的田里也结出了许多麦穗，甚至比往年的还多了一倍。农夫高兴坏了。可等到秋天去收获时，农夫却发现几乎所有的麦穗都是瘪瘪的，没有一颗好籽粒。于是，农夫就含着泪问上帝："这到底是怎么回事?"上帝回答说："你的麦穗没有经历过苦难的考验，所以才会这样。"

一粒麦子，倘若不经历风霜雨雪、烈日干旱、虫灾等的考验，尚且如此，那么，对于一个人来说，更是这样。困境是你证实自己的一面镜子，这面镜子高悬在生命的险峰，它照出勇士攀登的雄姿，也照出懦夫退却害怕的身影。戴高乐曾说过这样一句话："困难，特别吸引坚强的人。因为他只有在拥抱困难时，才会真正认识自己。"这句话就是说，一个人只有经受过困难，才能够证实自己的能力。

古往今来，那些成功的人士，无不是从困境中走过来的。不论哪一部名人传记，无不是面对困难并战胜困难的人生经历。困难是永恒存在着的，逃避困难，就等于拒绝接受成功。困难可以锻炼人，考验人，成就人。我们应该感谢困难，因为在解决了一个又一个困难时，我们也锻炼了自己的能力。

所以，人生若不经历磨难，可以说本身就是一种灾难。如果人们总是生活在一帆风顺、无忧无虑的环境中，那么人类就不会进步，社会也不会向前发展了。而当我们每个人认真审视自己内心的时候，也会欣然发现，那些能够点燃自己灵魂之光的，往往正是一些当时被视为磨难和困苦的境遇。因此，一个完美的人生，是离不开苦难的。

"苦难"是上帝馈赠给人类最好的礼物。所以，当苦难来到你的面前时，请微笑着勇敢地面对它，那么此时你面前的苦难就成了你人生中一笔巨大的财富。曾经有人说，人的脸型就是一个"苦"字，人一来到世上就该受各种苦难。仔细想想，这话不无道理。人的一生，在自己的哭声中临世，又在亲人的哭声中辞世，中间百十年的生涯，没有一刻钟不在与艰难、困苦、疾病、灾祸打交道。那么，既然困难与挫折是生活常事，就让我们微笑着来面对这一切吧！

8. 理财是生存之道

青少年对钱的认识

★你的零花钱何去何从？

现在的青少年衣食住用都不用自己操心，每天除了学习之外，就是和同学在一起，所以，同学之间的影响是非常大的。

中学生随着年龄的增长，自主意识增强，需求又有所不同。他们的零花钱主要用于以下几个方面：一、娱乐。"吃喝玩乐"依然是这个年龄段的主要花销。有的同学甚至将买正餐的钱也全买了零食，而主食却很少吃。这个年龄段的青少年特别喜欢一些歌星、影星，有甚者是他们的铁杆粉丝，影碟、歌碟自然少不了。相对于男同学来说，上网玩游戏的吸引会更大一些。节假日，同学还会相约出游，也免不了花销。二、学习。买书和购买学习用具。中学学习压力明显增大，很多同学出于紧迫感，用压岁钱买了学习资料、参考书、工具书等。也有一部分选择买一些世界名著、言情小说、科幻小说和漫画。三、生活。中学生的日常开销有路费、伙食费、电话费等。此外，中学生有了更强的自主意识，衣服鞋袜、复读机手机、自行车滑板，孩子们都希望能够按照自己的意愿去选择。四、储蓄。有极少数的孩子想到了把多余的压岁钱和零花钱存入银行。

★家长缺乏价值引导

很多家长对孩子的零花钱到底去了哪儿是一笔糊涂账，只要孩子张口，而且是关于学习上的，家长们就会毫不迟疑的给。同时，家长们并不完全清楚孩子拿到这些钱后如何使用。这在一方面体现出了家长对孩子的爱，另一方面也反应出了一部分家长对孩子缺少理财教育。例如说：孩子提出要买复读机，家长一听与学习有关，马上掏钱，可孩子拿复读机听音乐的时间多于听英语的时间；又如，孩子说为了方便查单词，需要买个电子辞典，家长一听也立马同意，不去追究孩子买电子辞典到底是为了查单词还是为了打游戏。这些都是家长们在孩子使用零花钱的方式上缺乏正确的引导，这样孩子就不知道挣钱的辛苦，也不知道钱要花在什么地方才合适。有些孩子拿到零花钱周末就去上网、打游戏、看电影，而家长却毫不知情。

有些青少年在使用零花钱的时候对钱的用途认识不清，认为几块钱买瓶饮料理所当然，认为几块钱买个汉堡天经地义，但轮到买一些学习资料的时候，却把它当成一种浪费。这些青少年已经在对事物的价值认识上出现了偏差，这与家长们的缺乏引导有着密不可分的关系。

★青少年缺乏理性消费意识

青少年在使用零花钱时，缺乏正确的理财意识，从而导致了很多青少年消费不合理的情况，这主要体现在以下几个方面：

从某种意义上来说，零花钱会影响同学之间的正常交往。孩子的心灵原本是世界上最单纯的，但随着零花钱将孩子们的"贫富差距"拉大，有的孩子利用自己零花钱多的优势拉帮结派。平时，同学在一起玩，就请同学吃点零食。遇到某某同学过生日，便带上一拨同学大吃大喝，一顿饭就要花去好几百，有的甚至还会去 KTV 包厢。在这些青少年的眼里，钱就成了他们与人交往的桥梁，一旦没有钱，就好像失去了自己的地位与威信。

★给要给的清楚，花要花的明白

富裕的生活对孩子并没有害处，可怕的是生活在富裕家庭里的孩子缺乏正确的价值观，缺乏理财的能力。而对青少年的消费理财教育在我国基本还是空白。虽是盲点，却是重点。给孩子零花钱还是必要的，毕竟先要手里有钱，才会学会花钱。但家长们在给孩子零花钱时，一定要做到心中有数。零花钱的数量应该根据家庭情况、孩子的成长状况和零花钱的用途来确定。家长切不可给钱太过随意，数量也不可过多，应加强对孩子理财意识的培养。

青少年们应当养成由预算决定消费的习惯，不要大手大脚、随意浪费。零花钱还可以用到其他有利于自己健康发展的地方。比如参加健身活动，或者资助贫弱，为他人献爱心，为社会做贡献。有多余的零花钱和压岁钱的时候，储蓄不失为一种好选择。

正确看待金钱，拥有人生价值观

正确对待金钱，在青少年的成长过程中十分重要。尤其是随着市场经济的发展，商品交换日益频繁，金钱在经济生活中的作用日益显著。此外，随着经济不断发展，生活水平不断提高，这一代青少年有更多的机会与金钱打交道。因此，对这一问题进行探究，可以避免他们陷入拜金主义，树立正确的金钱观。

贺菲在某中学读书，家境优裕，父母对她甚是疼爱，除隔三差五为她买名牌衣服外，每月至少还要给她五六百元零花钱。她的零花钱是这样开销的：打电话或发短信跟朋友聊天，参加电台短信互动节目，月支出近200元话费；买书籍、CD等，月支出200多元；周末和同学打打网球什么的，至少花费100元；偶尔宴请同学"搓一顿"，百八十元……如此下来，不时还得到爷爷外公、叔叔舅舅那儿"透支"点。

时下高消费的孩子又何止贺菲一人。细心的你不难发现，各大中小学周边，众多商家都把眼光瞄上了学生，眼花缭乱的促销活动，诱人的折扣，让青少年们应接不暇。一身名牌、胸前挂手机的学生们，他们拥有价格不菲的文具、新款MP4，所有的高科技与现代化相结合，在他们身上体现的淋漓尽致。很有意思的是，这有一个奇怪的现象：这些学生当中，大部分人的成绩都没有他们的衣服与手机漂亮。校园内外，有的打着手机，有的发着短信，纷纷邀约同学小聚。随便打听一下手机费用情况，高的每月150多元，少的也不下五六十元。一些大学生说："现在小学生都开始玩手机、MP4了，再不玩我们也要'落伍'啦。""钱花光了以后怎么办？"他们不以为然地说："现在的大学生都是'月头的财主、月底的花子'，用完了就'各显神通'蹭去。"可怜天下父母心。有多少父母都是勒紧裤腰带给孩子们提供优越的条件，让孩子去学知识，可有多少青少年真的把知识学到手了。有多少并不富裕的家庭，父母抱着对儿女们"成龙""成凤"的美好心愿，宁愿自己在家里啃馒头吃咸菜。亲爱的青少年们，你在讲虚荣、讲排场，吃喝消费向广告看齐，用品消费向名牌看齐，人情消费向朋辈看齐，美容消费向明星看齐的时候，有没有想过父母此时在家里做什么呢？没钱就向父母伸手，从不考虑父母的艰难和赚钱的不易，自食其力意识更无从谈起。青少年是祖国的希望、父母的希望，如果你连自己都养活不了，何谈大业！

这些种种现象，反映出部分青少年个人理财意识、技能的缺失和低下。这些状况，不仅对青少年自身发展不利，对家庭和社会也带来严重的负面影响。当今这个时代的孩子是先学会花钱后学会挣钱，在花钱和挣钱之间有一个真空：理财。没有经过理财教育的孩子，很多只知道花钱，缺乏正确的消费观念和创造财富的能力。如果说学校生活是社会生活的前奏和预演，在这个时代，理财教育不应该再是一个空白。尤其是我们致力于提高学生综合素质，致力于培养适应时代要求的复合型人才，孩子理财教育就更不能缺失了。

我们来看一下其他国家对孩子的理财教育，你就会知道：在中国，青少年理财，刻不容缓！

美国：有钱人家同样鼓励孩子自己挣钱支付保险费用或部分学习费用等。绝大多数18岁以上的孩子都靠自己挣钱读书。孩子认为长这么大还伸手向父母要钱很不光彩，尽量做到经济上独立。

日本：家长虽然严格控制子女零花钱的数额，但是一旦给出就会让孩子自主安排，并视之为培养孩子理财意识的途径。父母甚至还会相互打听各自给子女零花钱的数额，并约定大致相同的数额，以免让孩子攀比而造成心态不平衡。

比利时：家长到孩子满10岁后就开始每月给一定数额的零花钱，并随其年龄的增长逐步增加。孩子的零花钱基本固定，很少受成绩或表现好坏的影响。在接受零花钱方面，家境不同的孩子之间差别并不明显。

第二节　学会生活

1. 学会过简单的生活

开始进入后现代主义大门的西方发达国家，已经意识到现代生活的节奏损害了人们的正常的生活方式，生活的意义已经扭曲，人们开始厌倦、绝望、麻木。于是，简单的生活态度深入人心，人们有了新的追求——简单。

简单的生活，需要青少年不太在意别人的眼光，做自己认为对的事情。生命是属于自己的，生活也是自己的，不要为了负担别人的目光而生存。人生路上，我们只是别人眼中的一道风景。对于第一次参与、第一次失败，完全可以一笑了之，不要过多的纠缠于失落的情绪中，你的哭泣只能提醒人们重新注意到你的无能，你笑了，别人也就忘了。

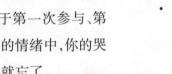

简单的生活，不简单的追求

青少年们，在面对人生无法抗拒的改变时，你能做的就是学会欣然接受。生活中对一切拿的起、放的下的人才会快乐。所以，学会让一切顺其自然，努力却不必强求，人生充满了变数，一切随缘最好。求快乐不是享乐主义，快乐是一种自在的状态，做自己想做的事，它让你的心灵平和舒展。人不可能永远快乐，但要向快乐的方向努力，知道自己努力的方向就是一种快乐。快乐，日子会一天天的过去；不快乐呢，日子也会一天天的过去。为什么不让自己过得快乐一些呢？快乐、不快乐就像手心和手背一样，往往只在我们一念之间。

够简单的生活要求我们对生活要有一个健康的心态。我们要积极地去面对生活，把生活中的一切，快乐、痛苦、挫折、失望……都看作是一种馈赠，因为无论苦与乐，都是生活中的一位调剂，我们应懂得品味，而不是怨天尤人。

每一天的太阳都是新的，因为它每天经历黑夜的沐浴。每一个清晨的自己也是新的，因为他从黑暗的长夜中睁开眼睛。新的自己在新的一天恰逢矗立在人生之路新的转折点上，此时的你心中是否豪情激荡？面对未来，你是否还会选择沉默？也许，从现在开始，一切会因你的行动而改变，成功和快乐也会因你的不懈而靠近。

不要太在意别人的目光

有很多时候，生活不再是我们汲取快乐的源泉，而是使我们沮丧悲观的重担。我们日复一日重复着枯燥的程序，我们变得萎缩。如果我们不觉醒，我们将麻木致死，完全得不到一个充实快乐的人生。也许，人类从动物式的原始攀援，到部分解放的直立行走，再到智能型的会使用语言、文字，一直到现在科技的发达，思维系统变得越来越复杂庞大。人类本身因这样的思维而变得沉重，像无形中的一座大山，压在脆弱的心灵上，随时随地都可能濒于崩溃。有些青少年内心有着很好的想法，却常常因为在意别人会怎么想而放弃。其实，生活不是活给别人看的，每个人都应该有自己的生活方式，不必把目光放到别人身上，也不必在意别人的眼光，你就是你。

有句话说："20岁时，我们顾虑别人对我们的想法；40岁时，我们不会理会别人对我们的想法；60岁时，我们发现别人根本没有想到我们。"这并非消极，而是一种人生哲学。所以我们没有必要在意别人的看法，坚持自己的想法，做自己喜欢的事情，只有这样，我们才能做好自己，过得开心。

静大学毕业后一直在一家单位上班，几个月前找了份兼职，想有个新的发展空间，同时也是提高自己社会生存能力的一次有益的实践。后来由于工作时间的冲突，家人的激烈反对，加上单位效益也不错，上个月还是回原单位上班了。静一直认为在单位人际关系处的还算可以，不过对于可能会有讥讽的言语也有心理准备。果然遭到了一些老同事开玩笑似的嘲笑，没必要和他们多做解释，静一笑置之。有些人总喜欢幸灾乐祸，你成功，他嫉妒；你失败，他嘲笑。别人成功与否与他又会有什么必然联系呢？况且静也并不是由于无法立足才无奈地选择回来的，无论怎样，静通过这次实践，更加有信心了，她并不怕社会的竞争，有朝一日单位效益不好，她决不会为了生存而担忧的。命运是操控在自己手中的，走自己的路，让别人说去吧，鄙视那些肤浅的人。"长风破浪会有时，直挂云帆济沧海"。

太多的人做了别人意见的奴隶，他们是为了别人的意见而活着，他们相信别人，超过了相信自己，别人说不能，对他来说就不能，命运真的掌握在别人的口里。别人的一句话，就可以改变他的看法，就可以浇灭他希望的火花，这些人太缺乏自我意识。他们太在意别人说什么，似乎别人说的就是金科玉律。要知道，有些人是胡说八道，不负责任。人啊，要为自己而活着，生命是你自己的，痛苦是你自己的，快乐是你自己的，不要太在意别人说什么。人和人本来就是不尽相同的，即使做得再好也不能让所有的人满意，有些时候，有些事情，不要太在意别人说什么吧。

2. 以从容态度面对人生

从容，表宏大、久远、深邃；从容是一种境界，它深藏于宇宙和历史的不尽时空中。人生离不开从容。慢慢人生之路，难免挫折和困难，逃避不是解决的办法，惟有从容地面对方是解决之道。

快乐就是一种从容

从容是一种进取，"一万年太久，只争朝夕"是它的精髓。日常生活中，如果没有"争取"，也就无所谓从容。"采菊东篱下，悠然见南山"不是从容而是闲适；"孤舟蓑笠翁，独钓寒江雪"不是从容是志趣；蛰居桃园，与世无争，不是从容是避让；穷经皓首，范进中举，不是从容是愚顽；精神胜利，阿Q骂娘，不是从容是自欺。从容是"天生我才必有用"；从容是"天将降大任于斯人也"；从容是"舍我其谁"。

从容是一种快乐、一种自由。从容的人生是自我解放的人生，是由苦闷的人生向快乐人生不断迈进。说到从容，我们自然而然就会说到"从容不迫"。由此可见，从容是在"迫"（急迫、紧迫、压迫、强迫等）的情形下的一种不屈不就、不昏不乱、不慌不急、镇定自若、安之若素、稳如泰山的心理素质和精神状态。

从容能阻止你被"诱惑"走，让青少年去学会面对生活及学习上所遇到的困难和挫折。

从容面对，转机就在背后

面试在一个大礼堂进行，几十个学生被分成4人一个小组，每个小组有一个面试官。面试过程很"残酷"，只要不入面试官的法眼，或是答不上面试官的提问，面试官就会说：你可以走了。也就是被当场淘汰。

那天和李凤分一组的是另外3个男生，刚走到面试官面前还没来得及坐下，面试官只瞄她一眼就冷冷地对她说："你可以走了，我觉得你不合适！"

她很震惊，当时她并不觉得很没面子，当时心里满满的是不服气：你根本不认识我，凭什么看一眼就认为我不合适，凭什么就让我走？不过，当时她没和面试官理论，也没有和他说什么。

另外 3 个男生都坐下了,当时她不管他们是怎么想的,她也坐下了。面试官到底没赶她走,只是当她不存在,然后开始对着其中一个男生发问:"你最得意的一件事情是什么?"可能是因为紧张,那个男生竟不知如何作答,支支吾吾地说自己还没有工作,也没有做出什么特别的成就,所以也没什么得意的事。她当时心里很着急,觉得他的回答有点偏题,她可不愿意他在第一道坎上就被淘汰。于是在边上悄悄地提醒他:"你可以说一件在学校里做过的你自己感到最满意的事情……"

面试官看了她一眼,她当时也不以为然:你不至于给我加上一条作弊的罪名吧,这种时候该帮人一把的。反正我已经是"不合适的人"了——这应该就叫"无欲则刚"吧。

不过,接下来的形势可不容乐观,3 个男生相继被淘汰了,最后桌前就剩下她一个。面试官还没跟她对上话呢。不过,到现在看上去面试官是有话要说了。她还是不动声色。终于面试官开口了:"那 3 个人应该是你的竞争者,可我刚刚看你一直在帮助他们,你为什么要帮助他们? 他们答不上来不是对你更好? 如果他们都淘汰了,岂不是你的机会就来了?"她说:"我不以为他们是我的竞争对手,如果都能通过面试,将来大家可能还是同事,有困难自然是要帮一下的。"

对她的回答,面试官不置可否,却又拾起了先前那个话题:"我刚刚已经对你说,你不合适,你可以走了。可你为什么不走呢?"

机会来了,该是她说话的时候了。她的"不满"终于有机会宣泄了,她说:"我觉得你并不了解我,所以,我要留在这里给你一个了解我的机会。第一,我非常仰慕华为,因为我被华为的企业文化和用人理念所吸引,所以我很郑重地投出了我的简历,也很高兴能参加这次面试。可是我完全没有想到我遭遇到如此当头一棒。第二,我还想对你说一句,我认为你的态度对一个面试者来说很不友善。因为今天我是面试者，明天我可能是你们的员工，我更可能是华为的潜在的客户。可是你今天这样不友善的态度给我留下了深刻的印象，今天我可能成不了你的员工，但明天我可能不再愿意成为华为的客户。第三，你的不友善今天影响了我对华为的看法，明天还有可能影响到我所有的朋友对华为的看法，你知道，你可能赶走了不少你们的潜在客户！"

面试官笑了，对她的表现非常满意。因为从一开始，其实面试官早就给她出了一道面试题：如何面对挫折。要知道，这次招的是销售员，在未来的工作中，他面对的会是无穷无尽的拒绝和白眼，人家的态度可能比这位面试官差好几倍。如果他连面试的还算礼貌的冷脸都无法面对，那他如何面对未来的困难呢？

另外，面试官对她在面试中愿意帮助别人的行为也表示认同，这恰恰显示了她的团队合作精神。她这才恍然大悟，对面试官的态度表示赞同，也为自己顺利通过了面试感到高兴。

其实，我们在面对事的时候，不用理会他人的看法，只要觉得顺着自己的心就可以了，就像这位大学生一样，把自己心里的不服气都说出来，不管面试官听不听，只要自己想说什么就说什么，而其他 3 个都被淘汰了，最后没有想到她面试通了。所以，遇到困难不用去想的太多，想干什么就干什么，想说什么就说什么，未必不是一件不好的事。

3. 生活需要细心品味

阿尔卑斯山谷中有一条大汽车路，两旁景物极美，路上插着一个标语牌劝告游人说："慢慢走，欣赏啊！"许多人在这车如流水马如龙的世界过活，恰如在阿尔卑斯山谷中乘汽车兜风，匆匆忙忙地急驰而过，无暇一回首流连风景，于是这丰富华丽的世界便成为一个了无生趣的囚牢。这是一件多么可惋惜的事啊！

慢慢走，欣赏啊！我们的生活何尝不需要这样呢？越来越快的生活节奏，不停地奔波，麻木的表情，飞快的脚步……你已经被你所追求的东西所累了，因为总以为前面有一个巨大的幸福在等待着你。当你回过头来看时，却发现，幸福，原来在路途的点滴之中。

时间不能停滞，可是我们可以驻足。也许偶尔的一瞥，你就能看见生活的笑靥！

生活是道菜，需要用心品味

生活是需要人去品味的，否则便难知其中滋味。有滋有味是生活的高境界。不去品又怎么会知道到底是什么滋味呢？在坎坷而羁绊的人生路上，我们感悟出种种哲理；在充实而多彩的生活征程中，我们品味到酸甜苦辣。

当我们面对美味佳肴中的酸甜苦辣时，都会情不自禁地发出一声：哇！好甜那！啊！好酸那！啊！好辣呀！……感叹声中带着喜悦之情。当我们酒足饭饱之后，精神抖擞、面色红润，以满足的心情、健壮的体魄投入到生活当中时，我们会为此感谢美味佳肴、感谢酸甜苦辣，它给我们的身体提供了养分，使我们滋润的生存,用健康的身体去开创美好的未来。

生活也像道大菜。做菜讲究很多，围绕生活展开的东西也不少。酸甜苦辣咸是菜的基本滋味，喜怒哀乐愁是人的基本状态。生活如做菜，味道太单了不行，各种滋味全都混杂在一起也不行，关键要看品尝者的口味。适合自己的固然喜欢，不适合自己的也不一定全盘否定。权当特色，未尝不可，这就是品味。

当我们面对生活中的酸甜苦辣时，又是怎样对待呢，苦闷、忧愁、焦虑、不安……那阴云密布的神情，还在我们的眼神里，挂在我们的面容上，让我们无从以对。朋友，这时，千万不要沉闷，千万不要躲避，这是生活给予的我们的机会，是锤炼我们心灵的机会，让我们向对待美味佳肴中的酸甜苦辣那样感叹它、赞美它，勇敢地面对它。当我们胜利地从困境中走出来时，你会觉得眼前一片光明，你会回头向生活中的酸甜苦辣道一声谢谢，因为它才使你成熟。

美味佳肴中的酸甜苦辣，滋养着我们的身体，才能使我们为小家庭谋福利，为社会做贡献。生活中的酸甜苦辣，净化我们的心灵，锤炼我们的意志，我们只有用心去品味生活，才能感受生活的美好。

生活，如一杯绿茶，虽然很淡，却总有丝丝的清香。茶，需要慢慢品味，生活亦然。生活是要品的，就像有人喜欢品茶、品酒、品咖啡，当你细细品味的时候，你会发现匆匆掠过时不能发现的美丽。

品味生活，做生活的智者

懂得生活的人，就是懂得品味生活的人。生活就是一个百味瓶，甜酸苦辣样样有，同样的事，不同的人品出不同的味儿，就看我们用什么样的心态去承受，什么样的心境去感受和体味，什么样的角度去看待。

品味生活要有包容之心。没有博大的胸襟、淡泊的态度、清静的心境，个中滋味就品不出，更说不清楚，道不明白。感觉也便迟钝，认为生活无趣、无味、了无生机。

品味生活，可以品味自己的，也可以兼顾其他的。只要有心品味，用心品味，就会对自己的荣辱得失了然于胸，对他人的悲欢离合洞若观火，对国家和社会的兴衰更替认识深切。

品味生活，如品茶，如品酒。一杯苦茶可视作极品香茗，一壶浊酒亦可当成千年佳酿。

品茶、品酒、品菜肴，都是用嘴品尝，而品味生活却离不开大脑。思索的大脑是品味生活的主要工具。大脑人人都有，却未必都能正常；即使正常，也未必都去思索；即使思索，也未必都去思索生活。所以，真正能够品味出生活个中滋味的人并不多见。

善于品味生活者，多乐观、豁达，宠辱不惊，得失两忘，超然物外，颇具三分禅意。

善于品味生活者，多能驾驭生活，安排生活，改变生活，使生活愈加丰富多彩，绚丽多姿。因为品出其中滋味，故能酌情添减相关佐料，使其咸淡适中，符合口味。大凡忙忙碌碌、焦头烂额、为生活所累者，则多无雅兴，亦少了生活之乐趣，浑浑然不知如何生活。

善于品味生活者，多珍惜生活、善待生活、经营生活。无论是过去的、现在的、将来的，抑或是他人的、国家的、世界的，都有它的特点，它的因果，它的存在理由。品味其中滋味，就是研究它的本质，了解它的内涵，把握它的规律特点，从而促进它、巩固它、升华它，或是改变它、抛弃它、毁灭它。生活因此而更值得品味，也更需要去品味。

你见过吗？年轻的母亲带着幼小的孩子数着路边的电线杆，亲密的伙伴带着画夹记录身边的美景，年老的伴侣拉着手看着天边的夕阳。这，很平淡，却很美。美好的一瞬定格在生活的空间，常常会令人特别感动。其实，这都是生活的真实片断啊，只要你时时关心，生活从不缺美的。

早晨，从梦中醒来。你看那从东方升起的可爱的太阳，看看沐浴在朝阳下的一切，它很美，这就是生活。父母一句关切的话语，好友一声真诚的问候，老师一番谆谆的教导，它很美，这也是生活。跌倒后的爬起，失败后的振奋，艰辛的汗，苦涩的泪，这也很美啊！这还是生活。

品味生活是智者的乐趣，庸人只会混沌度日。因为品味本身就是一个过程，品味者也将一直品味着。恩怨情仇也好，兴衰荣辱也罢，打打闹闹，离离合合，一切都将过去，一切都将继续，一切都是一个过程——一个需要品味的过程。

人生的道路不能重走，昨天的故事无法重复。我们所要追求的不

39

只是高高在上的风景，还有会欣赏的明眸，会品味的心灵，只有欣赏与品味才是人生的本质。

慢慢走，欣赏啊！欣赏现在的生活，品味人生的过程。我们欣赏天边的风景，我们品味飞翔的过程。也许，天空没有飞过的痕迹，但我们的心里装着整个天空。

生活需要智慧，人生需要领悟，现实生活是最真实的。细细品味人生，才能体会到其中的滋味。体验是快乐的，细细地领悟，真切地品味，生活真的好甜美！

4. 热爱生活，拥抱生活

记得哪位哲人曾经说过，生活就是一面镜子，你对它露出笑脸，它回报你的就是一脸灿烂，你对它展现的是满面愁容，它回报你的就是愁眉不展。是的，人生的快乐与否，其实就在于对生活的态度。热爱生活表现在对生活充满自信，对人生充满希望，积极进取，在困难面前永远坚强，还有对生命的敬畏。

热爱生活——学会自信

老头是搬运工，一日，他拉着一车沉重的钢管来到一个陡坡下，不禁望而却步。心想，靠他一个人拉上去肯定不可能，得有人帮一把才行。正在为难之时，一个热心的过路人走了过来，笑着对老头说："没关系，我来帮你。"说着，便挽起袖子，拉开一幅推车的架势。见有人来帮忙，老头心里便添了底气，力气也上来了。老头在前头使劲地拉车，热心人在后面不住地喊着："加油！加油！"经过一番努力，老头终于把车拉上了坡。当老头要感谢热心人的帮助时，热心人却说："你不要感谢我，要感谢就感谢你自己，因为我的手患有严重的关节炎，根本用不上力，我只是在旁边喊喊'加油'而已，把这趟车拉上来全靠你自己。"

一个内心充满自信的人，就能拥有无穷的力量，克服艰难险阻，创造人间的奇迹。

热爱生活——充满希望

一名心理学家向朋友讲述他做过一个实验：将两只大白鼠丢入一个装了水的器皿中，它们会拼命地挣扎求生，一般维持的时间是8分钟左右。然后，他在同样的器皿中放入另外两只大白鼠，在它们挣扎了5分钟左右的时候，放入一个可以让他们爬出器皿的大板，这两只大白鼠得以活下来。若干天后，再将这对大难不死的大白鼠放入同样的器皿，结果真的令人吃惊：两只大白鼠竟然可以坚持24分钟，3倍于一般情况下能够坚持的时间。

这位心理学家总结说：前面的两只大白鼠，因为没有逃生的经验，它们只能凭自己本来的体力挣扎求生；而有过逃生经验的大白鼠却多了一种神奇的力量，它们相信在某一个时候，一个跳板会救它们出去，这使得它们能够坚持更长的时间。这种精神力量就是积极的心态，或者说是内心对一个好的结果心存希望。

当时，他的朋友心里想着那两只大白鼠，觉得不是滋味，就略带反感地对他说："有希望又怎么样，最后它们还不是死了。"出乎我的意料，这时，他告诉我："不，它们没有死，在第24分钟时，我看它们实在不行了，就把它们捞出来了。"

朋友问："为什么要那么做？"

他说："因为有积极心态的大白鼠有价值，更值得活下去，我们人类应尊重一切希望，哪怕是大白鼠心中的希望。"

希望就是力量。在很多情形下，希望的力量可能比知识的力量更强大，因为只有在有希望的背景下，知识才能被更好地利用。一个人，即使他一无所有，只要他有希望，他就可能拥有一切；而一个人即使拥有一切，却不拥有希望，那就可能丧失他已经拥有的一切。

热爱生活——永不放弃

一个故事说的是，两个探险者迷失在茫茫的大戈壁滩上，他们因长时间缺水，嘴唇裂开了一道道的血口，如果继续这样下去，两个人只能活活渴死！一个大一些的探险者从同伴手中拿过空水壶，郑重地说："我去找水，你在这里等着我吧！"接着，他又从行囊中拿出一只手枪递给同伴说："这里有 6 颗子弹，每隔一个时辰你就放一枪，这样当我找到水后就不会迷失方向，就可以循着枪声找到你。千万要记住，好吗？"

看着同伴点了点头，他才信心十足地蹒跚着离去……

枪膛里仅仅剩下最后一颗子弹，找水的同伴还没有回来。"他一定被风沙湮没了或者找到水后撇下我一个人走了。"年纪小一些的探险者数着分数着秒，焦灼地等待着。饥渴和恐惧伴随着绝望如潮水般地充盈了他的脑海，他仿佛嗅到了死亡的味道，感到死神正面目狰狞地向他紧逼过来……他扣动扳机，将最后一粒子弹射进了自己的脑袋。

就在他的尸体轰然倒下的时候，同伴带着满满的两大壶水赶到了他的身边……

故事中年纪小的探险者是不幸的，因为他放弃了坚持，同时也就放弃了自己宝贵的生命。很多时候，在我们人生的道路上，面对困难和挫折，我们能够咬着牙坚持着熬过最漫长最艰难的时刻，可当成功将要与我们伸手相握的时候，却因为我们最终的放手，便与他擦肩而过了。咬紧了牙关，死神也害怕地躲远了。

还有这样一个惊心动魄的故事：

罗伯特与妻子玛丽终于攀登到了山顶。站在山顶上眺望，远处的风景在阳光下变成了一幅美丽的画。两人高兴地手舞足蹈，忘乎所以。悲剧正是从这个时候开始的。罗伯特一脚踩空，向着万丈深渊滑去，短短一瞬间玛丽明白发生了什么事情，当时她正在悬崖边上的一棵树下，她下意识地一口咬住了罗伯特的上衣，抱住了大树。

罗伯特悬在空中，玛丽咬紧牙关，两排洁白细碎的牙齿承担了一个高大魁梧身躯的全部重量。他们像一幅画，定格在蓝天白云大山峭石之间。玛丽的长发像一面旗帜，在风中飘扬。

由于玛丽不能张嘴呼救，半小时后才有过往的游客救了他们。而这时的玛丽，美丽的牙齿和嘴唇早已被鲜血染的通红。

有人问玛丽如何能挺那么长时间，玛丽回答："当时我头脑里只有一个念头：我一松口罗伯特肯定会死，于是我就咬紧牙关。"

人们发现死神也怕咬紧牙关啊！困难的时刻，绝望的时刻，千万别轻言放弃，再坚持，因为死神最害怕听到咬紧牙关的咯咯声。

热爱生活——珍爱生命

杰克·伦敦的《热爱生命》讲述的是这样一个故事：一个美国西部的淘金者在返回的途中被朋友抛弃了，他独自跋涉在广袤的荒原上。冬天逼近了，寒风夹着雪花向他袭来，他已经没有一点食物了，而且他的腿受了伤，鞋子破了，脚在流血。他只能歪歪斜斜地蹒跚在布满沼泽、丘陵、小溪的荒原上，非常艰难地前行着。就在他的身体非常虚弱的时候，他遇到了一匹狼。他发现这匹病狼跟在他的身后，舔着他的血迹尾随着他。就这样，两个濒临死亡的生灵拖着垂死的躯壳在荒原上互相猎取对方。为了活着回去，为了战胜这匹令他作呕的病狼，他最终在人与狼的战斗中人获得了胜利，他咬死了狼，喝了狼的血。最终他获救了，使生命放射出耀眼的光芒。

只有生命的存在，才有可能去做其他的事情。以前的人们总是崇尚英雄主义，这不可避免地会产生副作用，那就是对生命的不尊重。现在，好像越来越多的人们只知道考大学，做白领，出国，多挣钱，同样是对生命价值和生命意义的扭曲，珍爱生命就是要知道生命的可贵、生活的丰富、人生的多彩。没有经历过的一切是那样的神秘而美妙，不要轻易放弃生命。生命对于每一个人只有一次，我们能好好的活着，我想：无论世事多么不顺，其实我们每时每刻都是幸福的，因为我们还能自由呼吸！那么，我们应当珍惜生命，学会感恩。

热爱生活，用睿智的眼光去看待生活；用审美的观点去观赏生活；用欣赏的心情去品味生活；用不懈的努力去创造生活；用积极的态度去完善生活；用激越的灵感去感悟生活；用平静的心态去享受生活。

热爱生活，既是一种健康的生活态度，又是一种良好的精神状态。

热爱生活，生命因你而充满旺盛活力，人生因你而显得格外壮丽。

热爱生活，不但可以享受生活的乐趣，而且能够把平淡化为神奇。

热爱生活，只有那些真诚热爱生活的人，才能在事业上写出新的篇章。

热爱生活，只有那些热烈拥抱生活的人，人生才会充实、光彩、亮丽。

5. 改变态度，改变生活

一个小女孩趴在窗台上，看见窗外的人正在埋葬她心爱的小狗，不禁泪流满面，悲痛不已。她的外婆看见了，连忙将她引到另一个窗口，窗外正是她的玫瑰花园。结果，小女孩的愁云马上为之一扫，心中顿时变得明朗，脸上也露出了可爱的笑容。老人说："孩子，你开错了窗户。"

生活中就怕开错了"窗"

生活中也是如此，我们常常因为开错了"窗"而使看到的悲伤一幕久久沉积于心底无法排遣，甚至成为一生的累赘，而我们却不曾想到，应该还有另外一扇窗，窗外风景如画。所以，当你累了、伤悲了的时候，何不像小女孩一样，打开自己的另一扇窗，换一种心情去看这世界，你就会发现美好的画面还是多的。

有这样一个故事，说是有个老太太，她有两个儿子，大儿子是卖雨伞的，小儿子是卖扇子的。天晴的时候，老太太发愁了，这大儿子的雨伞卖不出去可怎么办啊。下雨了，老太太又发愁了，小儿子扇子一把也没卖出去，这日子可怎么过呀。以此下来，老太太就得了忧郁症，整天愁容不展的，人也苍老了许多。于是两位儿子就请来了城里有名的医生给她治病，但吃了很多药老太太的病情还是没有好转。一天，老太太的一位邻居听说了这事，就对老太太说："你看，今天天气真热，你小儿子的扇子店生意肯定不错；明天要是下雨了，你大儿子的雨伞又可以卖个好价钱了，你应该天天高兴才是，有什么好发愁的呢？"老太太一听觉得说得对呀，自己怎么就没想到呢？说着自己也笑了起来，从此老太太的病也好了，整天还乐呵呵的。

换一种心情看生活，你就会发现，生活处处都充满着美好！

亲爱的青少年朋友们，生活就像是一本书，每一天就像是翻开书中新的一页，我们应该精心地阅读每一页，不可草率掠过。当你静心阅读每一天的生活的时候，只要你用心发掘，你会发现，原来每时每刻都有可贵的东西，而一旦捕捉到了，它们就会永远留在你的内心深处，甚至影响你的一生。

有句话说得好，我们不能改变天气，但是我们可以改变心情，请展开你紧皱的眉头吧，不要陷入生活中不如意的一面而心烦意乱、情绪消沉，让我们天天开心，改变我们的心情气氛。这种阳光就能够给我们带来好运气，也会使自己成为一个快乐的发源地！

改变角度，改变人生

生活中，当我们遇到不如意时，就应换个角度看待生活，换个方式活着，人活一生不能只用一种方式过日子，要不断更新，不断调整才行。生活中，并不是所有的人的一生是一帆风顺的，人们总会遇到种种不如意的事，遭遇各种各样的痛苦和不幸，然而，心态不同，结果就大不一样。在如今这个竞争日益激烈的社会中，心态的好坏往往决定着一个人命运的臧否。

人与人之间本来并没有多大的差别，造物主给人们的都是一样的头脑和四肢，一样的思维能力和行为能力，一样的 24 小时的时间里，有些人最终收获了成功，有些人却一辈子平平庸庸。造成这两种截然不同人生的原因，就在于他们对待人生的态度不同。成功人士的心态永远是积极的，他们总是百折不挠，永远充满了昂扬进取、乐观向上的战斗精神；而失败者的心态却是消极的，他们的人生总是被过去的种种失败与疑虑支配着，在他们眼里，成功已经是遥不可及的了。所以，大多数的失败者不是被别人打败的，而是未战先怯，自己先放弃了成功的希望，他们是被自己消极的心态打败了。

有这样一个故事：有一家皮鞋公司派了两组人去开拓非洲市场，一周后分别收到两个组长的电报。一个说，市场无限大，因为非洲土人都还没穿鞋呢；另一个却说，没有机会，因为非洲土人都不穿鞋。公司采纳了第一个组长的建议，结果，还真是大赚了一笔。可以想象，如果公司听从了第二个组长的建议，那该是多大的损失呀！同样，在生活中，当我们在遇到不如意时，如果我们都能看到事情好的一面，那人生也就不会有那么多痛苦了。

桌子上放着半杯水，一种人认为这杯水是半满的，于是他每天向杯中倒入一滴水，最终有一天，水真的满了而且还溢了出来；而另一种人则认为杯是半空的，每天总是对着剩下的半杯水发愁，想着有一天水要是没了怎么办啊，直到有一天水终于被蒸发干了。同样是半杯水，为什么会有如此大相径庭的结果呢？心态不同所致。

所以，当你在不经意间被小偷光顾时，你就要想：可能他比我更需要钱吧，就当是自己做了一回好事，帮了别人一把；当你的家人在你的耳边唠叨个不停时，你就要想，他们是太喜欢我了，所以才会这样跟我说话，要不然，他们才懒得管我呢；当你听到最好的朋友在说你坏话时，你就要想，可能是因为我们彼此间了解得还不够，看来我做得还不够好，我们应该进一步沟通一下。如果凡事你都能抱以这样的心态，那幸福就离你越来越近了。

青少年朋友们，生活中遇到一些困难或不愉快的事情的时候，不要去一味地抱怨，要学会改变自己的态度。"上帝是公平的，给谁的不多，给谁的也不会少。"所以，当一个人开始产生抱怨心理的时候，他（她）完全是在跟自己过不去。这世上没有谁比谁差多少，没有翻不过的山，没有过不去的坎儿，只要你不抱怨，认真地想解决问题的办法，拥有一颗平衡的心，勇敢地面对自己，面对自己的内心，面对自己的人生，那么，你一定会活得很精彩的。

6. 幸福生活来自心灵体验

很多青少年问到:幸福是什么,什么样的生活才是幸福的？其实,只要大家用心体验,用心感受,幸福就围绕在我们的身边,随时都可以感受到。当大家常为某件事感到满足和快乐的时候,脸上或心中浮现出的就是幸福的痕迹。青少年朋友,你们感受到存在于心中的幸福了吗？

幸福就是知足者常乐

幸福是一种来自心灵深处的体验，它与一个人的生活状况无关，而是取决于一个人的内心感受。我们常说"知足者常乐"就是这个道理，一个人只有学会自我满足才能感受到幸福。幸福是自己给的，也许别人不觉得我们幸福，但只要我们能自得其乐，便会从中找到幸福的理由。

幸福就是做自己喜欢做的事情，幸福就是实现自己的愿望。一个人在烈日炎炎的田里劳作，累得满头大汗，别人觉得他为了生计实在太辛苦，但只要他自己觉得是幸福的，那别人的感觉根本不重要；而一个人在花园里悠闲地散着步，别人是多么羡慕他的悠闲，但他自己却感受不到一点幸福，那就算别人再羡慕他他也感觉不到幸福所在。

其实就是这么简单，同样的情境不同的人会有不同的心境，结果自然也是不同的。当你觉得你是幸福的那你就是幸福的，幸福与不幸福其实都在自己的心中。

有一对恩爱的夫妻，日子虽然清贫，但他们生活得无忧无虑，很幸福很快乐。他们每天只在一所小学的门口卖烧饼，收入微薄。每到黄昏时分，夫妻两个就数着一天的收入，若比昨天又多两块钱，夫妻二人相视一笑，天地格外美好。而同时，也正是在这个黄昏，另一个腰缠万贯的富翁仅因为所持股票面值下降了 30 个百分点而饮弹自杀。其实，仅仅折合他的不动产就够卖烧饼的夫妻吃上几辈子。

两幅场景是两种生活的结果，一个幸福快乐，一个抑郁自杀。其实，幸福虽然平淡但却真实。而对于你们青少年来说，幸福就是清晨推开窗迎进的第一缕清新的空气；就是暴雨过后天边的那一道彩虹；就是熬夜后得出的那个完美的答案；就是当老师验证实力后的那一句赞美；就是每天妈妈精心准备的那道可口的饭菜；就是天凉时爸爸那一句关怀的叮咛……这所有的所有，都是我们值得珍藏的幸福。

每个人都是自己幸福的创造者，用一颗纯净的心去敏锐地洞察世界，发现幸福，将之收藏在内心深处的情感匣中。迟早有一天，我们内心深处每一个角落都会成为幸福流淌的地方，不时开启我们的心门，我们会永远获得幸福。在漫长而短暂的人生路上，携着希望一路播撒幸福的种子，默默地为他人付出，勤勤恳恳地做有益于社会的事，收获的将是沿途美丽的风景，是感动各方后获得的幸福感。人生路上有幸福相伴，我们不会再孤单，心灵的土地永远不会再贫瘠，心中幸福的花儿也会开得分外艳丽。

用心才能感受到幸福

真正幸福的感觉来自于心灵深处，它美好、快乐而又充实，我们每个人都有权利去追求幸福，而且每个人的机会都均等！其实幸福就在我们的心中，只要用心去感受，去体会，我们会发现，幸福离我们如此之近，它唾手可得。幸福是生活中的点点滴滴，原本很平常的生活细节，如果我们用心去感受，也能体会到其中的幸福滋味。

幸福就是"临行密密缝，意恐迟迟归"的关怀，是我们每天上学出门前，母亲那不厌其烦的叮嘱："上学路上注意安全，小心车，在学校听话，别惹祸。"当我们捂着耳朵跑下楼时，细细体味一下，这简短的一句话包含了母亲多少牵挂在里面，是母亲发自内心的真情流露，我们会感到心中响起了幸福的乐曲。

高三学生张兰兰是个成绩优秀的女孩子。在一个夏天，窗外狂风暴雨，肆虐的狂风夹杂着雨点拍打着教室的玻璃，整个城市笼罩在滚滚乌云下。放学了，同学们都嬉笑地站在楼前的门廊下避雨。这时，远处一个身影若隐若现地朝她走来。"爸爸。"兰兰惊讶地看着全身湿透了父亲，泪水不由夺眶而出。看着兰兰流出的泪水，爸爸不知所措："怎么了，考试没考好？没事，这次没考好下次咱们再努力。"爸爸轻轻拭去她脸颊上的泪水，"走吧，咱们回家。你妈妈今天做了好多你喜欢吃的菜。"爸爸笑着把她拉到伞下。爸爸擎着伞，兰兰知道他把伞的大部分遮到了她的头上，而自己的半边身体任凭风吹雨打。

这样平常的例子，在青少年身边也发生很多。一个人是否幸福，完全在于他内心的感受，在于他定义幸福的标尺和他对于人生的体会，幸福从来就没有绝对的标准，可谓见仁见智。也许，一个人所遗弃的他所谓的不幸，正是另一个人努力找寻的幸福。

很多时候，当我们正体会某个人孤单寂寞时，却不知他正专注于自己的爱好和研究，幸福到了陶醉的地步。而有时，让我们羡慕不已的"幸福者"，却往往会做出"身在福中不知福"的事。幸福就是这样一种东西，幸福掌握在我们每个人的手中。我们常说要追求幸福，就是要努力达到心中界定的那个幸福的标准，这个过程也许会有艰难险阻，也许会山高路远，甚至需要付出生命。但只要认定那就是心中的幸福所在，我们就不会怨天尤人，就不会在意旁人的冷嘲热讽，因为追求幸福的路上我们活得快乐、舒心而充实！

幸福就是"春种一粒粟，秋收万颗籽"的体验。考试前我们全身心地投入到复习中，早出晚归，废寝忘食。上课时不再调皮捣蛋，而是认认真真听讲；下课后不再贪玩疯跑，而是安安静静复习；周末不再疯狂玩耍，而是仔仔细细地做作业。当我们脑中充满习题解析，吃饭也不忘听英语时，我们体会到学习的乐趣，当我们取得理想的成绩时，内心充满了收获后的幸福感。

幸福是每个人努力后都可以得到的珍贵的感觉。即使我们因为做错事而受到斥责，幸福也不会因此而离我们远去，它会静静地守候在我们身旁，抚慰我们受伤的心，让我们重新变得坚强。行动起来吧，让我们一起去唤醒心中沉睡的幸福，再也不要让它睡去，让我们用幸福的心态去感染身边的每一个人，让这个美丽的世界因为我们再多一些幸福吧！

第二章

学会涉世　学会处世

第一节　学会涉世

1. 扮演好自己的角色

在五彩缤纷的生活当中，每个人都在扮演着不同的角色，每个人都有自己的位置，每个人都会在自己的天空下展翅翱翔，创造价值。然而，价值有大有小，创造大价值是人们的追求，如何创造大价值，是不是一定要谋高位、居人上呢？不是，绝对不是的。因为不是每个位置都适合自己，也不是所有的位置都属于任何人，只是其中一定有适合自己的位置，只要你扮好自己的角色。窥探一个成功人的履迹，无一例外，他首先是在乎如何扮演好自己的角色。

生活中没有旁观者的席位，每个人都有适合于自己的位置，只有找准了自己的角色，才能让自己活得开心，才能创造出自己的价值。

如何扮演好自己的角色

在人生这个大舞台上，每个人都扮演着自己不同的角色，忙忙碌碌地做着自己该做的事。青少年所扮演的最重要角色就是学生，就是要充实自己，因此，青少年都要对自己的角色负责，无论是今天还是明天，惟有认真地对待，才不会留下难以弥补的遗憾、懊悔。

那么，怎样才能扮演好学生角色呢？其实，很简单，就是要认真学习、刻苦钻研，遵守校纪校规，在学校的舞台上充分秀出学生的风采。

作为青少年，我们应当明白，没有规矩，不成方圆。学校规章制度的建立并执行的目的不是限制自由、约束个性，而是为了维护正常的教育教学秩序，维护学生生活与学习的权益，并为安全提供保障，提高同学们守规守法的自觉性，这才是校纪校规的实际意义。事实上，一个没有纪律和规则约束的地方是绝对没有自由可言的。所以，你的所作所为必须以遵纪守规为前提，不要盲目作为，否则必将为此付出代价。

一旦你们用自己的理性和知识真正理解和认同规则之后，那么规则和纪律就不再是一种来自外界的约束自己的枷锁，遵规守纪就不再是一种强迫的任务，它就变成一个利己的选择，一种道德的义务。这样，你就可以扮演好自己的学生角色，就可以让真正的自由在有纪律的秩序中尽情发挥，让积极的个性在有规则的环境里得到张扬。

既然我们扮演的角色是学生，在学校就应该有一个学生样。作为青少年，其主要目的是学习，只要衣冠整齐、干净就足够了，多放一些精力在学习上才是最重要的，根本没必要去追求名牌服装，鞋，去染发等。更不应该存在攀比的心理，而且学生所消费的费用多数来自父母的腰包，所以就更应该理智的消费了，不能盲目的花钱，在以后的学习中还要积极参加一些公益的活动，提高自我实践能力，做一名全面发展的青少年。

扮演好角色，幸福快乐

在家里，我们的角色是父母的子女，我们就有尊敬父母的责任，你做到了吗？在寝室，我们的角色是室友，你有不打扰他人的责任，你做到了吗？作为值日生，我们有认真完成值日工作的责任，你做到了吗？作为班干部，我们有管理班级纪律的责任，你做到了吗？

作为青少年，要常常扪心自问：我对得起自己的角色吗？也许，现实生活的残酷让人觉得很无奈，有时你不得不带着面具来跳舞。然而，窥探一个成功人的履迹，无一例外，他首先必须扮演好自己的角色。"一屋不会扫"的人，自然也"扫不了天下"。所以，走进茂密的森林，你只要无愧地做了丛林中最挺拔的一棵；在波涛汹涌的大海面前，你只要无愧地把自己化作浪花里最纯净的一滴水珠；抬头仰望辽阔无边的蓝天，你只要毫无愧疚地让自己变为云层中最祥和的一朵……这样的人生便足够了。

曾几何起，少年时的理想一点点褪色，现实让很多的青少年变得很无奈。然而，这就是生活，是成长的代价。的确，人生就像一个舞台，每个人都扮演着不同的角色。把自己的角色扮演好了，你的人生也就相对成功了。所以，每个青少年都要忠于自己的角色。每个阶段，你都在扮演着不同的角色，每个角色都有它的喜怒哀乐，忠于你扮演的角色，享受角色里的一切，包括迷茫和痛苦。而一旦角色转换，就要尽快脱身，忠于新的现在时。每一份角色的背后，都有它的意义，它的苦楚，它的瓶颈期。很好地读懂自己，扮演好属于自己并且有能力实现的角色，即使暂时或者很长一段时间你处于一个自己不喜欢或者超出自己能力的角色位置，也应该学着去适应和享受这个角色。

毕竟，每个人扮演的角色不一定都是自己选定的、自己所喜欢的角色。有些角色不管你喜不喜欢，你都必须无条件扮演下去，只要你扮演得好，一样可以收获成功。可以说，每个人扮演的角色都很重要，譬如：公务员有做公务员的游戏规则，他们必须服从上级安排，搞好上传下达，做好本职工作；工人有做工人的游戏规则，他们必须按工艺流程生产，保证产品质量；农民有做农民的游戏规则，他们必须按季节耕种、收获，并做好农作物施肥、杀虫等工作；商人有商人的游戏规则，他们必须合法经营、照章纳税。如果你不遵守这些游戏规则，你就无法扮演好你的角色，就无法体现出你的价值，也就无法体会生活的意义。

之所以要扮演好自己的角色，就是因为它对于人生是必不可少的一门功课。所以，学会享受它的喜怒哀乐，时刻准备着蜕变。每一个角色背后都自有艰辛，学会品尝这份艰辛也是一种痛并快乐的成长经历。

2. 天生我材必有用

自弃，简单的来说就是自我放弃，不求上进、得过且过、不思进取、懒惰成性的心理表现，它与自强是相对立的。通常自弃的人不知上进，没有理想与追求，不愿吃苦、不想奋斗、懒惰成性，而此类人最终只能是一事无成。

初中阶段是青少年学习知识、涵养道德、增长才干、发现自己的最佳时期。正所谓"少壮不努力，老大徒伤悲"，应当趁此大好时光培养自身的品格，努力学习，奋发进取才是。然而，却有很多青少年产生自暴自弃的想法，他们总是觉得要学的东西太多，自己是个"笨孩子"，即使再努力也学不好，就算自己再怎么表现，别人也不喜欢自己。

为此，广大的青少年朋友们一定要认识到自弃的危害性，从个人、国家、民族的角度认识自强精神的重要意义，战胜自弃才是我们新一代青少年应有的表现。

战胜自弃，活出自我价值

部分青少年产生自弃的心理是因为环境的原因，主要包括家庭环境、学校环境和社会环境。正如王朝所产生的自弃心理行为，就是由家庭问题而导致的。王朝的表现不仅是一种自暴自弃的行为，也是一种糟蹋自己，对自己的不负责任的表现。

王朝在上初二时，他那充满爱与欢笑的家庭突然破碎了。父母因为感情不合而离异，从此以后他与妈妈一起过，曾经的拥有使他觉得现在的自己一无所有。失去爱的心理掺杂着丝丝的恨，犹如一团拨不开的迷雾，笼罩着他那脆弱的心。为什么爸爸离我而去？他不爱我了吗？为什么我和妈妈要搬离曾经那个温暖的家？他们为什么这么残忍？

由于生活改变，给他幼小的心灵以沉重的打击，使他整天觉得自己很可怜很孤独。对于眼前的一切他不习惯，以前的朋友和属于自己的一切都不存在了，在陌生的环境里他显得那样的无助。

最初，王朝沉闷不乐，情绪也不稳定。后来因为心理上的打击，他越来越恨爸爸和妈妈，开始强烈的反抗，不管什么事情都和妈妈作对，与妈妈争吵，经常逃学而遭老师的批评，他成了一个典型的"问题少年"。老师们不管他，同学们讨厌他，他自己也抱着破罐破摔的心理。不管别人怎么说他也不听，他觉得自己就是一个"坏孩子"，是一个没人理睬、没人要的孩子，他不相信自己、不相信任何人，他自暴自弃，把自己关在那片只属于自己的"牢笼"里。

"自救者天救，自助者天助，自弃者天弃"，也许每个人都不愿自弃。然而，自弃的心理还是那么容易产生，尤其是青少年更容易产生这种心理倾向，要战胜自弃的心理，就必须鼓起勇气站起来勇敢的生活。另外，远离自弃，树立正确的自信心。每个青少年的身上都有着自己的优点和长处，要做到自尊自爱；找出自己明确的目标和方向，从而创造出自身的人生价值。

走出自弃，正确对待自我

随着年龄的不断增长，青少年们总会特别在意别人对自己外貌的评价。有"丑小鸭"心理的青少年在与朋友交往时往往容易产生一种自卑、自厌的心理，他们怕别人嘲笑而不愿与人交往，他们常常把自己封闭起来，久而久之，便逐渐产生一种自弃心理。

17 岁的依依就读于某校高二，他们班共有 60 个学生，而她是个极其普通的女孩儿。依依皮肤略黑、容貌普通，成绩也很一般。读小学时，她并未在意自己的长相，但是随着年龄的增长，她不能不在意了，眼看着身边的女同学出落得亭亭玉立、皮肤白净，她就开始为自己的外貌深感痛苦。特别是班里几个淘气的男同学，常常戏称她为"黑妹儿"。她听在耳里伤在心上，觉得自己就是一只"丑小鸭"，没人喜欢她，经常处于一种"被抛弃"阴影中。在这种情绪笼罩下，她整日郁郁寡欢，怪父母没有给自己一个美丽的面容。如此心境使她的学习成绩逐渐下滑。于是，依依整天愁眉苦脸，觉得自己是个学习成绩差、容貌不如人的孩子，觉得自己没救了，不想参加考试也不想再上学了。父母发现依依的异常之后便常常开导她，可终不见效果。

人生最大的错误是自弃，自弃就意味着自灭。凡是有成就之人，他们不会选择自弃，而自弃者将不会有所成就。每个青少年都需要克服自弃心理，正确地对待自己。爱美之心人皆有之，但美与丑是不能由自己决定的。所以青少年要坦然正视自己的容貌，别太敏感，也不必去隐藏，倒不如大大方方地与人交往。人应该自尊自爱，多发现自己的优点和长处；通过发挥自己内在品行的优势来弥补外在容貌上的不足。

3. 学会为自己鼓掌

鼓掌，这么一个简单而平凡的动作，其实却蕴涵着人类极高的情感。在日常生活中，我们为他人鼓掌是对他人的一种肯定或鼓励。比如，当我们内心感到愉悦需要表达自己的情感的时候，我们也会毫不犹豫地用鼓掌来表示心中的情感。习惯了为他人鼓掌，又有谁为自己鼓过掌呢？相信很多的答案都是否定的。也许是因为我们有的都是失败，也许是我们对自己较苛刻，所以，我们很少为自己鼓掌；所以，寂寞的掌声总是响在别人的心灵，给自己留下的是一片空白。

每个青少年都有自己的心灵世界，它在于自己的支配和调整。我们无须自我抑郁，生命本身就非一帆风顺，我们又何必太苛求自己呢？我们应该为自己所拥有的美好世界而愉悦。当我们用坦荡的胸怀接受这个世界时，我们会觉得，为自己鼓掌是一门艺术，需要的是坚韧不拔的毅力和志在千里的决心。生活，让我们学会为自己鼓掌。

为自己鼓掌，成为自己的欣赏

我们来到世上，都希望演绎出辉煌的成就，创造出有个性的自我，希望自己的风度、学识等能得到别人的赏识和掌声。但是在成功的前面，并不是每个人都能神采飞扬站在灯光闪烁的舞台上。所以，青少年要学会为自己鼓掌。

也许你只是一只燃烧失败、一出世就遭人冷落的瓷器，没有凝脂样的釉色，没有细腻精致的花纹；可当你摒弃了杂质，由一堆不起眼的泥胚变成有形的器物时，你的生命已在烈火与高温中变得灼人而亮丽，你应该为此而欣慰，你也应该为自己鼓掌。

也许你是一棵低矮屋檐下无人知道的小草，在旱季初至的时刻，你微小的生命也将随之逝去。但你仍要为自己喝彩，真实而勇敢地生活，活出真正的自我，这便是你引以自豪的资本，你同样应该为自己鼓掌。

也许你是一块耸立山间、终日承受日晒风吹的顽石，是一匹没有精美花纹的布料，是一张平凡普通的白纸，是人生长河中的匆匆过客……虽然你不会吸引别人的惊讶与赞叹的眼光，但是，你也要伸出双手为自己鼓掌。

为自己鼓掌，没有半点矜持和矫饰，自自然然、大大方方、潇潇洒洒地为自己的生命喝彩。不是自我陶醉，不是自我满足，而是一种超脱而又高昂的人生境界。不要在意别人的目光，要记住，自己就是生命中最好的欣赏者。也许走到最后，在路的尽头，我们将会收获成功、快乐、幸福。要知道，那是我们坚持走自己的路，坚持为自己鼓掌，坚持一路平凡的简单生活换来的。

为自己鼓掌，成就你的人生

在我们自己选择的道路上，也许只能在灯光后独白，没有人关注，没有人给予绚丽的鲜花和热烈的掌声。面对此情此景，有些人往往感叹自己的渺小与庸常，妒羡别人的优秀和成功。其实，这又何必呢？鲜花诚然美丽，掌声虽然醉人，但它们只能肯定某些人的成就。只要你真实地生活，活出一个真正的自我，那么，即使所有的人把目光投向别处，你还拥有最后一个观众，你还可以为自己鼓掌。

19 世纪晚期，一个响亮的声音在欧洲的上空回响："我是什么？我是一颗炸弹，一道闪电，现在我要爆炸，我要闪光，我要惊醒人们的迷梦，就要震颤人们的心灵……现在我要向世人郑重宣告："上帝死了"！上帝为什么会死？因为我——尼采的存在！

从此以后，人类的历史不再划分为 B·C 和 A·C——公元前的世纪和公元之后的世纪，人们将会说 B·N 和 A·N——尼采以前的蒙昧时代和尼采以后的启蒙时代。尼采——这个光辉、令人颤栗的名字，将取代上帝的名字而铭记在人们的心里。"这是何等狂妄的口气！"这小子莫不是个疯子？"虔诚的教徒们吃惊地感叹着。

1883 年，尼采在度过一段漂泊不定的流浪生活之后，希望重新登上大学的讲坛。当时他拟定了一个在莱比锡大学讲学的计划，但交上去后，大学当局认为他的作品内容有问题，因此，他的讲课计划不能实施。尼采没有办法，只得重新过着漂泊不定的著述生活。尼采脑神经错乱日益严重，每写出一本书，他的怒气就越大一些。外界对他不理解，不理解他那深刻的思想，不理解他目前的痛苦。但是，他还是坚持走自己的路，孤单、病魔伴了他一生，但他是快乐的，因为他的一生做的是自己想要做的事情，做的是自己喜欢做的事情。他相信总有一天自己会被人们理解的。他曾经预言："总有一天，我会如愿以偿，这将是很远的一天。我本人已看不到了，但那时候人们会打开我的书，惊叹我的思想，我会有众多读者。"他还十分自信地说道："人们将会赞叹，'他为什么能写出如此杰出的著作！'"。

尼采自己就是他所赞扬的酒神，四处漂泊，一生承受着孤独，他讲"孤独是天才的命运，是强者的伴侣"。他实践了自己的哲学。在内心世界，他是快乐的。

其实生活很简单，有很多时候，就是不要太在意别人的目光，为自己鼓掌，走自己的路。人，总不能老是为别人而活，要找到真正的自己，过自己的生活。有个人对我说过一句话，很简单的一句话："其实生活挺美好的。"我想，只要你能时刻做好自己，不去在意别人的看法，做自己喜欢的事，走自己的路，坚持自己的风格，让自己过得简单一点，这样，你的生活就是美好的。

4. 逆风中快速成长

只有流过血的手指，才能奏出世间的绝响；只有经过地狱的磨练，才能造就创造天空的力量。"烈火试真金，逆境试强者"，"那些能将我杀死的事物，会使我变得更有力"。人生是一幅美丽的画卷，磨难是画卷中不可缺少的曲线；人生是一首奇丽的小诗，坎坷是诗中引人入胜的转折；人生是一曲华美的乐章，坎坷是乐曲中不可思议的起落。坎坷铸就了生命的美丽，拼出了人生的完整。

逆境可以给人奋斗的动力

休谟说："顺境使我们的精力闲散无用，使我们感觉不到自己的力量，但是障碍却唤醒这种力量而加以运用。"世上没有一个人的人生是一路顺风的，它总是充满挫折、坎坷，而坎坷总是高高低低、起伏不定。世上一帆风顺的事是非常少的，否则"文学家"、"科学家"的美名岂不轻易落到每个人的头上？

越王勾践在失败之后卧薪尝胆，励精图治，终于打败了吴国；英国将领威灵顿接连被拿破仑打败六次，他毫不气馁，终于在滑铁卢战役中一洗前耻；伟大的发明家爱迪生，一生的失败更是不计其数。他曾为一项发明经历 8000 次失败的实验，却并不认为这是在浪费精力、时间，而这 8000 次失败使他明白这 8000 个实验是行不通的。

失败固然会给人带来痛苦，但也能使人有所收获；它既向我们指出学习中的缺点错误，又启发我们逐步走向成功。失败既是对成功的否定，也是成功的基础，正所谓"失败是成功之母"。

对于那些从逆境中走出来而最终走向成功的人来说：逆境即是赐予。而障碍，就是一个新的已知条件，只要愿意，任何一个障碍都会成为一个超越自我的契机。在逆境中能激励人的意志，点燃你强烈的进取向上的理想火花，增强你战胜困苦走出逆境的勇气。逆境是培养人才的沃土，是走向成功的阶梯，经过逆境的人才会品尝成功的甘美，才会加倍珍惜成功的现在。因此我们要学会在逆境中学习成功之道。

大凡成功者的一生不可能是一帆风顺，风平浪静的。在成功者们的背后是难以煎熬的磨难和数不清的坎坷。多少位大学者哪个不是苦尽甘来，从艰难中走出一条光明的大道。世界上没有随随便便的成功，侥幸得来的成功，那只是昙花一现。成功是泪水和汗水浇灌的鲜花，成功是坎坷和曲折造就的奇迹。

司马迁也是饱受了巨大的精神磨难后才发愤完成了"究天人之际，通古今之变，成一家之言"的巨著——《史记》。逆境中有时正是隐含有更大的成功因素，只要你用自己的毅力和精神去应对它，那么，没有什么永远的困难。不怕逆境，就会把不利的因素转化成为成功的种子。有时候，经历逆境也是成大业的一种很有效果的资本。

毛泽东说过："失败是成功之母。"任何成功的人在达到成功前，没有不遭过失败的，失败和痛苦是上帝和每一种生物的沟通，没有失败就没有经验。逆境能够磨炼出一个人心志和能力来，因此，在逆境中人都应该有这种想法，你正在遭受着困苦，但这不是完全的坏事，因为老天可能要把重任交给你，这是故意给你的磨难。有了这样的想法后，你就会从容地面对各种逆境，才能将逆境看成使自己快速成长的条件。

逆境可以给人奋斗的动力

有人经常说，"我为什么没有他人有本事呢？"其实在生活中，本事就是你的强项，就是从你所经历的困境总结出来的经验。无有的事实给了我们充分的证明，困难和逆境中一定会隐藏着巨大的成功因素。只是需要你去用自己的毅力和真实的行动去征服它，改变自己的处境。不利的因素就能转化为成功的种子。

洪占辉曾说过："漫漫人生路总会与挫折碰面，但我明白，鱼儿要游弋于大海，接受惊涛骇浪的洗礼，才会有鱼跃龙门的美丽传说；雄鹰要翱翔于蓝天，接受风刀雪剑的磨砺，才能拥有叱咤风云的豪迈。"他是这么说的，也是这么做的，虽然在最最困难的时候想过退缩，但最终还是决定了要自强不息，用自己的力量来证明自己的价值。因为他明白只有经过地狱的炼造，才能造出天堂的美好。只有流血的手指，才能弹出世间的绝唱，所以说挫折是上帝的恩赐。

挫折是青少年生活中的必经之路。所以，在面对逆境时，当代青少年不应该自嗟自伤，而应该像先贤教导我们的那样，学会对自己说：这没有什么了不起，坚持奋斗，生活总会好起来的。如果广大青年朋友们都能像洪战辉那样，无论如何艰辛，都能承担责任，自重自尊，战胜困难，永不言弃，我们的理想必定会实现。

人生不如意者十之八九，我们面对坎坷，不能知难而退，而要勇往直前，要有"岂能尽如人意，但求无愧于心"的信念。要知道，茶入口时虽苦，可喝到最后却是不尽的清香；蝴蝶羽化前受尽唾弃，可破茧而出后却被无数人称颂；紫罗兰开花前与野草无异，可只要开放，就会把周围的空气染成淡淡的紫色。其实，人生也是这样，我们要相信，没有永恒的不幸遮蔽天空。

　　逆境与顺境，从来就是人生之旅中的常客，谁也不可能一帆风顺的走到生命的尽头。没有经历苦难的考验，人永远品味不出幸福生活的意义；只有经过挫折的锤炼，人才会珍惜得到的收获。害怕失败，失败就会无处不在；挑战逆境，成功之门就会随时为你打开。所以勇敢者才能在不断的失败中获得经验，挑战者才能最终走出阴影和黑暗，拥抱光明的未来。

　　行船于海上，势必要面对风浪；求知于路上，势必要面对失败；生存于世上，势必要面对坎坷。遇到风浪害怕没有用，只有冲过去才能到平静的海面；遇到失败放弃没有用，只有重整旗鼓，才能获得最后的成功；遇到坎坷逃避没有用，只有积极对待，才能赢得胜利。

第二节　学会处世

1. 告诉父母你爱他们

跟任何一种情感相比，在这个世界上，只有父母之爱，是最纯净无暇的。在我们生命开始的瞬间，父母就把无私的爱倾注在我们身上，他们在我们的身上寄托了无限的希望。他们的爱如清风，看不见，摸不着，却能感受得到。

父爱是山，母爱是水，我们既需要母亲温暖的目光，也需要父亲貌似不在乎却暗藏喜悦的眼神。这种情感那么无私而纯粹，让你如沐春风而不自觉。很久了，我们已经习惯了父母的爱，却很少有人告诉父母我们的感激，我们的爱。其实，父母也是人，需要你的爱。所以，告诉你的父母，你是多么的爱他们，多么的在意他们、需要他们。不要把话放在心里，因为那样的话，你也许就永远也说不出来了。

说出你的爱，温暖家人的心

"我爱你"这三个字在情人之间泛滥，可是谁又真正对父母说过？不要想当然地认为父母不喜欢这种直白的形式，其实，最亲近的人也需要说出爱。试着向他们说出来，肯定会有意想不到的效果。

有一家三口，年轻父母带着一个四五岁的女儿，那男的有病，他们生活一直很清贫，但却很幸福，人们一直很惊奇。这位年轻的母亲说："我原来也是一直在抱怨生活，是我女儿的爱让我感动了。"原来有一次，她那个才上幼儿园的女儿放学回家时含着泪对她说："妈妈！我现在才更清楚地知道，你平时吃用都给我最好的，辅育、照顾、滋润之恩，真是谢谢你。妈妈！我真爱你！"她哭了，抱着女儿，轻轻地说："宝贝，我也爱你，从此以后，让我们开心幸福地度过每一天。"天底下最伟大的应该是父母的爱，我们的父母为我们付出的实在是太多了。人常说，慈母手中线，游子身上衣。爸爸妈妈永远用自己的双手，为孩子撑起一片蔚蓝的天。所以，请你不要吝啬自己的感情，对你的父母说：爸爸妈妈我爱你们！相信他们一定会感动地掉下眼泪，因为他们爱你永远比你爱他们多的多。

告诉父母你爱他们，学会拥抱、学会撒娇、学会告诉父母你需要他们，他们是你心中一座不朽的丰碑。这样做，不仅让他人感到快乐，也能让自己生活在爱的阳光里，从而拥有一个健康、完美的人生！

爱你的父母就说出来

其实，生活不像电视剧可以预告结局。在生活中，有些事，有些人，有些爱，都是经不起拖延的，青少年要好好地把握，让生活中遗憾的事情少些，特别是对父母的爱是经不起拖延的。爱你的父母就说出来吧！

曾经读过这样一个故事：有一天，某大学教授给学生留了个作业，对你爱的人说"我爱你"。他以为没人响应，没想到第二天当他再次说到这个作业时，一个男孩颤抖地举起手，他说："说实话，当你刚留这个作业时我挺生气，我们都那么大了，干吗还要说这个呢？但后来我才知道这三个字是多么有必要说。我和我爸一直有矛盾，所以，我不总回家。那天你留完作业后我突然想对我爸说那三个字，我想让他知道我是多么在乎他，于是我当天晚上就回家了。在路上我还在默默祈祷，但愿是爸开门，如果是妈开我会又失去说那三个字的勇气的。

门铃响了，开门的真的是爸，我很激动，含泪说：'爸，我爱你！'爸有点吃惊，但马上眼睛就湿润了，他也很激动：'我也爱你！'可第二天早上接到妈的电话，说爸因心脏病住院了，其实他早就有心脏病了……我庆幸我说出了那三个字，否则我真的害怕错过机会，后悔一辈子……"

你也许从未对你年迈的父母表达过你对他们的感情，你也许时常以忙碌作为没能去看望他们的借口，你若是迟疑着不做，可能就会失去机会，人的生命是脆弱的。而你的亲人们，会因为你说的这三个字而激动不已，充满狂喜，他们会情不自禁地告诉你：我也爱你。

我们不仅要说出我们的爱，而且还要及时。人生无常，世事难料，不要等到下一次再说出你的爱。将来永远是个变数，不要过分的把希望寄托给将来，如果你爱父母，现在就说出来吧，不要等到你有勇气说的时候那个人却没福气听了。

2. 坦然面对拒绝

我们每个人都可能有过被拒绝的经历。比如，儿时买一件玩具被父母拒绝；少年时一份纯真的友谊被朋友拒绝；青年时执著的情感被恋人拒绝；工作中合理的要求被领导拒绝，每一次被拒绝的经历对于我们都是不愉快的记忆。其实，完全没有必要这么想。拒绝是人们生活中的一部分，在事业、爱情、友谊中遇到拒绝是最经常的事。从某种意义上说，一个人面对拒绝的态度，也是他面对生活的态度。

作为青少年，我们要知道拒绝是人生的一种常态，是生活中的一个重要组成部分。人们都是在拒绝中获得勇气，在勇气中克服困难，在克服困难中走向成功的。在我们的语言里，你可知有哪个字眼比

"不"更刺人呢？试想，一位从事销售工作的人，做出 10 万元业绩跟做出 25000 元业绩有什么差异呢？其实，这其中的差异就在于如何能不因别人的拒绝而却步。一般情况下，一流的业务员往往是遭受拒绝最多的人，他们能把别人的"不"化成下一次的"是"，所以，他们成功。

拒绝是生活的一部分

何谓拒绝？有一位营销专家曾这样说："每次明显的推销尝试，都会造成沟通上的抵制。"人们就是不喜欢成为被推销和干涉的对象，当他们看到你走过来时，不一定总是躲着你，但他们会树立起其它形式的障碍，就是拒绝。

据心理学家分析，很多的人都会对陌生事物的接受产生或抱着排斥的心理。其实，最主要的原因就是人们都习惯于原有的状态，而不习惯于改变。比如：人们对推销员拜访带来干扰的抗拒；对改变自己以往习惯的抗拒；对推销员有成见造成的抗拒；对消费支出的抗拒；害怕被推销员缠住产生的抗拒；害怕上当受骗而产生的抗拒。人们的抗拒意识是是客观存在的，是本能的防范意识，是一种自我的保护。我们应该做的就是正视它、接受它。

要知道拒绝是生活的一部分，是人之常情，对任何人来说，都会面对别人的拒绝，同样也会拒绝别人。拒绝时常会在爱情、友谊和生意场中发生，它使人受伤害。但是，如果你懂得它从哪里来，你就比较容易面对它。那么，青少年应该如何做到坦然地面对拒绝呢？

第一、审视自己的是非观。

面对拒绝时，你要认真思考什么是正确的，什么是错误的。只要确定你的选择是正确的，就要坚持到底！同时你还要寻找你做这个生意的最原始的动机，这样你才会获得充足的前进动力！

第二、做好准备。

多学习、多提高，学会主动与成功人士交往，学会主动向他人请教学习。以此，来不断积累自己的经验，然后不断地去做，去行动。另外，树立一个使你快乐并愿意为之而奋斗的梦想，也有助于使自己坦然地面对拒绝。

第三、尊重优秀，拒绝中庸。

认真阅读有关励志方面的书籍，从中可以明白人只有在不断的成长中才能获得对拒绝的"免疫力"。如果你面对的拒绝越多，就代表你越成熟，在心理上你越成熟，你成功的也就越快！

第四、拥有真正的勇气。

当你坦然面对拒绝时，你才会成长为一个优秀的人，面对拒绝时，能够始终面带微笑，是对拒绝的最好的回敬。

成功躲在坦然面对拒绝背后

没有人希望自己是被拒绝的，拒绝似乎意味着"失败"、"不成功"等字眼。所以，面对拒绝，人们有着不同的态度，而每个人承受拒绝的能力也迥然不同。有的人，因为害怕遭到拒绝而放弃了所有的追求；有的人，顶着压力锲而不舍，最终精诚所至，金石为开。其实，拒绝未必就是坏事，很多的成功就是坦然地面对拒绝之后而来的。

西尔维斯特·史泰龙，好莱坞武打动作巨星，好莱坞片酬排行榜中顶尖级的男演及导演。其实，史泰龙能崛起于影坛也并不像我们想象中的那样顺利。他踏入电影界的过程是艰辛的，经历了一次又一次的拒绝，其中加起来前后共有千次之多。他跑遍了每一家电影公司在纽约的代理，可是都遭拒绝。不过他并不气馁，继续敲门，一再尝试，最后终于担纲演出"洛基"一片。

你可曾听说过有被拒绝过 1000 次之后，还敢去敲 1001 次门的人吗？你能忍受多少次别人说"不"呢？你有多少次因为不想听别人说"不"，而放弃了爬升的机会呢？你有多少次因为受不了别人说"不"，因而不再去拜访一个新客户呢？……

你想一想，这是不是很可笑？只不过害怕再听见那个"不"字，就把自己给限制起来了。其实，"不"这个字并不可怕，它也不具备任何力量，而它却能把我们给限制起来，这是为什么呢？它之所以对我们产生限制的力量，这完全是我们自己造成的，是我们的内心造成的。正所谓当你有了自限的想法，就产生自限的人生。

想知道如何面对拒绝吗？现在可以试着让自己努力每听到"不"字便能振奋，可以试着把拒绝当成一个潜在的机会。当下次电话铃响起，千万不要让自己害怕拿起话筒，要以欢快的心情去面对另一个商战，别忘了成功是躲在拒绝后面的。

中岛熏先生曾经这样说："当有人向我说'不'的时候，我把它视为彼此关系的开始，而非结束。所以，一个星期后，我会再拨电话给那些潜在的客户，他们会问我新的问题，而每个人也给了我机会回答。由于我的不懈努力，没多久，我的客户开始挖掘出来了，不出所料他们也挖到了宝藏。对于大部分人来说，'不'代表着结束，对我而言，那却是通往'是'的起步。"

未曾遭遇过拒绝的成功是绝不会长久的，拒绝的次数越多，一个人就越成长，学的也就越多，就越能成功。所以，当下次别人再拒绝你时，你不妨上前好好地跟他握个手，这会改变他对你的态度，有一天"不"会变成"是"。只要你知道如何面对拒绝，你必能得到自己所想要的东西。特别是对于正处于人生十字路口的青少年来说，心理的承受能力还较弱，面对拒绝往往心情低落、郁闷的话不行。这时更需要好好地调整自己的心理，学会坦然地面对拒绝，相信如果你能做到这点，离成功也就不远了。

作为青少年，在追求梦想的过程中你首先要学会的是面对拒绝。但是，你若是成为真正的赢家，你必须学会接受拒绝和克服拒绝。

3. 赠人玫瑰，手有余香

社会上的每一个人，都不可能孤立地存在，每个人都要和周围的人有着千丝万缕的联系。那么，这个人所做的事必然会对其他的人有或多或少的影响，其结果又反过来影响到自己。

有人把社会比作一张大网，把人比作这网上的一只小蜘蛛，不管这张网你是否喜欢，你都必须接受它，因为它是我们生存的基础。所以，青少年若想在世界上活得开，就必须广结人缘，给人以方便，做事情的时候不能光考虑自己而忽略了别人，你爱别人，别人才有可能爱你。"赠人玫瑰，手有余香"蕴涵的就是这个道理。

助人即是助己

当我们拿起鲜花赠送给别人时，最先闻到芬芳的是我们自己；当我们抓起泥巴企图抛向别人时，弄脏的必先是自己的手。所以说，善待别人就是善待自己，就好比为他人身上洒香水，自己也能沾上些许香气。一句温暖的话，一个友好的举动，都能深深地温暖别人的心灵。在关键的时候，你伸出了助人之手，那么，当你自己身处险境时，肯定也不会是孤军奋战。

19世纪90年代初，有一天，一个名叫弗莱明的贫穷的苏格兰农夫正在田地里耕作。忽然，他听到了附近的沼泽地里传来一阵呼救声，他连忙丢下手中的活儿跑过去。到了那儿，看见一个小男孩陷在了黑色的泥潭里，由于太过于惊恐，男孩不断地尖叫和挣扎，结果身体越陷越深。在这个关键时刻，弗莱明伸出了援助之手，沉着勇敢地将这个男孩从死亡的边缘拉了回来。

第二天，一个衣着华贵、气度不凡的贵族人士来到了弗莱明的家里，原来他就是那个小男孩的父亲，他带着重金来酬谢弗莱明对他儿子的救命之恩，但被弗莱明委婉地拒绝了。此时，农夫的儿子从简陋的农舍跑了出来。于是，在贵族的一再坚持下，弗莱明终于同意由贵族资助他的儿子上学，贵族希望农夫的儿子能成为像他的父亲一样勇敢和善良，让所有的人都为之骄傲的人。

农夫的儿子没有让人失望，他进了最好的学校读书，最后毕业于伦敦圣玛丽医学院，后来因为发明青霉素而享誉世界，他就是大名鼎鼎的亚历山大·弗莱明爵士。许多年以后，贵族的儿子在二战期间患上了肺炎，而再一次拯救他的生命的就是青霉素，很多人都会认为这是一个巧合，是上帝的安排，难道这只是一个简单的巧合吗。这个贵族是伦道夫·丘吉尔勋爵，而他的儿子则是人尽皆知的英国前首相——温斯顿·丘吉尔。

"赠人玫瑰，手有余香"，这句话用在这个故事上恐怕是再合适不过的了，农夫的见义勇为让自己的儿子上了最好的学校，贵族的鼎力相助又让自己的儿子再一次躲过死神的光临，看来助人不仅是给别人机会，也是给自己机会。所谓"滴水之恩，当涌泉相报"，"受人一坯土，还人一座山"，虽然善心只在人的一念之间，但善心所结下的善果，却会永久地芬芳馥郁，香泽万里。

爱心就像是一颗熠熠夺目的钻石，不管在什么时候都会焕发耀眼的光芒；爱心又像一场恰逢其时的甘霖，滋润着那希冀已久的心田；爱心似一曲能够鼓舞人心的励志歌典，促使在人生道路上徘徊踌躇的人坦然前进。一个会心的微笑，一个微不足道的赠与，一个小小的拥抱，都能让寒冷的心变得温暖，让黑夜不再漫长！对人多一份理解、宽容、支持和帮助，其实也是善待和帮助自己。这就是：赠人玫瑰，手留余香。

付出才有收获

人生在世，既是短暂的，又是漫长的。要想过得快乐，过得幸福，就必须要有"赠人玫瑰"的爱心，心存善意。爱是一种强大的力量，无论行为多么渺小，当你毫不吝啬地赠与别人后，就一定能吐露芬芳、绽放美丽，自己也会越发地强大起来，因为我们所收到的回报远远大于我们的付出。

在充满战火和硝烟的战争年代里，有一支部队奉上级的命令去攻占敌人的堡垒。枪林弹雨中，一位连长在地上匍匐前进时，惊见一颗手榴弹正好落在一个小战士的身边，而小战士却毫无察觉。在这千钧一发之刻，连长顾不上多想，他不顾一切地冲了过去，一下子伏在小战士的身上，用自己的身体掩护这个年轻的生命。"轰隆"一声巨响过后，他抬起了头，而这一抬头却让他惊出了一身冷汗。因为就在他起身后的那一瞬间，一颗炮弹落在了他刚刚匍匐过的位置上，在那里炸出一个巨大的坑，刚才的那一声巨响，就是那个炮弹响的。而小士兵身边的手榴弹，敌人在扔出来的时候根本没有拧开盖子。

试想，如果连长顾及自己的生命而不去救小战士，那么他的生命早就已经不复存在了。赠人玫瑰，手留余香。这一次，留下的可是最宝贵最有价值的生命啊！在生活中，我们很容易就会有帮助别人的机会，那么，就不要错过更不能吝啬，用你无私的心灵去帮助别人，用你热忱的双手去帮助别人。当你的帮助能换回他们的幸福笑脸时，你会发现你手里的玫瑰是那么清香，更是那么的高贵。"赠"不会让我们损失什么，却会为我们赢得灵魂的安泰和心灵的净化。这样，既为受难的人们抚平伤痕，更为自己的人生画卷涂上了一笔浓墨重彩，真正描绘了一幅动人的篇章！

孟子说过："君子莫大于乎，与人为善。"在追求成功的过程中，谁都离不开别人的合作，尤其是在现代社会，就更应该想方设法获得周围人的支持与帮助。那些总是主动帮助别人的人就是最容易获得成功的人，因为他们最容易获得别人的回报。相反，如果你对别人的烦恼和不幸冷眼旁观，甚至落井下石，那么是不可能得到别人的帮助的。

赠人玫瑰，手留余香，只有充满了爱的世界才会洋溢着阳光。如果我们每个青少年都能够随时随地奉献我们的爱心；如果我们都能把自己的快乐毫无保留地传递给其他人，如果我们都能用一颗真挚善良的心为全世界的人类祝福和祈祷。那么，不仅这个世界因为我们的存在而变得更加美好了，我们自己也能拥有一份意想不到的收获和回报，我们的生活也会因此而变得更加精彩、绚丽和灿烂。

4．学会说话的艺术

语言是人的第二副面孔。一个人说话的能力，对其社会交往与人际沟通起着至关重要的作用，也是很多人出人头地的捷径，在历史上很多地位显赫的人，靠的就是一副语惊四座、技压群芳的口才。

说话的艺术并不是天生的，而是从现实中锻炼出来的。一分天才，九分努力，一个人如果没有良好的口才，是一件很可悲的事，就好像鸟儿没有羽翼。

说话要给人智慧

一位哲人说得好："智者的声音就是愚者的方向。"

美国幽默大师罗伯特·奥本说："每天早晨起来，我都看一遍

《福布斯》杂志上美国最富有者的名单，如果我不在上面，我就去工作。"这句话有没有智慧？有！告诉我们人要有梦想，要勤奋努力。

"没有目标的人注定要为有目标的人工作。"这句话有没有智慧？有！它告诉我们要有目标，因为目标是人生的清醒剂。

说话要给人快乐

快乐是多数人人生的最高追求。

美国总统柯立芝有一次批评他的女秘书："你这件衣服很漂亮，你真是一个迷人的小姐。只是我希望你打印文件时注意一下标点符号，让你打的文件像你一样可爱。"女秘书对这次批评印象非常深刻，从此打印文件很少出错。

身为美国总统，柯立芝可算是世界上最有权势的人之一了，说话如此委婉、"客气"，这是他好修养好气度的体现。假如他换一种盛气凌人的口吻喝斥："怎么搞的！连标点符号都搞不清楚，亏你还是XX大学毕业的。"只能让对方反感，而达不到纠正对方的目的。

说话也是一门艺术。所谓"良言一句三冬暖，恶语伤人六月寒"，有很多人，说的很多话，立足点和出发点本来是不错的，但由于不注意说话艺术，往往导致无谓的误解和争端，甚至影响团结。

说话要给人方便

有的人说话很体贴他人，有的人说话则喜为难他人。

一位妻子逃离丈夫，但不久又回来了，并且请求宽恕。丈夫回答："逃离，可以宽恕，但回来，永不宽恕。"

一个胖太太对削瘦的肖伯纳说："肖伯纳，从你身上我看到了世界在闹饥荒。"肖伯纳回答："胖太太，从你身上我看到了世界在闹饥荒的原因。"

说话要注意场合

有个人为了庆祝自己的 *40* 岁生日，特别邀请了四个朋友，在家中吃饭庆祝。

三个人准时到了。只剩一人，不知何故，迟迟没有来。

这人有些着急，不禁脱口而出："急死人了，该来的怎么还没来呢?"其中有一人听了之后很不高兴，对主人说："你说该来的还没来，意思就是我们是不该来的，那我告辞了，再见!"说完，就气冲冲地走了。

一人没来，另一人又被气走了，这人急得又冒出一句："真是的，不该走的却走了。"剩下的两人，其中有一个生气地说："照你这么讲，该走的是我们啦! 好，我走。"说完，掉头就走了。

又把一个人气走了。主人急得如热锅上的蚂蚁，不知所措。最后剩下的这一个朋友交情较深，就劝这人说："朋友都被你气走了，你说话应该留意一下。"

这人很无奈地说："他们都误会我了，我根本不是说他们。"最后这朋友听了，再也按耐不住，脸色大变道："什么! 你不是说他们，那就是说我啦! 莫名其妙，有什么了不起。"说完，铁青着脸走了。

说话是一门艺术，不同的词汇组合，不同的语气都会收到不同的效果。人际交往中，一定不要犯了这个"过生日"的错误。

说话要给人希望

人为希望而活着，不要扑灭别人的希望。

从前有个秀才赴京赶考，某天夜宿一间庙里，晚上做了三个梦：第一个梦，梦见一个院子的墙上种着一棵树；第二个梦，梦见下雨天自己戴着斗笠披着蓑衣还打着雨伞；第三个梦，梦见自己跟青梅竹马的表妹躺在一张床上，但是背靠背。秀才不解梦境。第二天，秀才找到一个解梦的先生向他请教。听完秀才的叙述，解梦先生连声说"秀才，你打道回府吧。"秀才惊问其故。解梦先生说这不明摆着吗：墙上种树，是种不活的；戴斗笠披蓑衣还打雨伞，这是多此一举；跟表妹背靠背而睡，说明同床异梦。秀才沮丧地收拾行礼要回家，旅馆老板惊问其故，秀才就又把梦境说了一遍。旅馆老板听完连声恭喜，秀才忙问何故。旅馆老板说："你看，墙上种树，这是'高中'；戴斗笠披蓑衣打雨伞，这是'贯上加贯'；跟青梅竹马的表妹背靠背睡在一张床上，这是告诉你'该翻身了!'。"秀才一听，有理，留下来参加考试，结果得了第三名。

说话要理直气柔

一位曾在外交部任职的官员，当他要部属到他办公室时，从来不说"请你到我办公室来一趟"，而是"我在办公室等您"。

这个人，巧妙地把自己观点的位置由"主位"改成"宾位"，由真正的主动变成被动的样子，当然也就容易赢得下属的好感。因为没有人不希望觉得是自己作主，而非听命办事啊！

说话应注意的事项

◇个人良好的说话，是包括正确的发音、适当的速度、丰富的语句、话中略含幽默与优美姿态等方面，这些都可以靠学习和锻炼而成功。

◇不管是讲话的人，或者是听话的人，都必须运用思想，否则，不能确切把握说话内容。当然说话太慢也是不对的，一方面浪费时间，另一方面会使听的人感觉不耐烦。

◇信口开河、放连珠炮，都是不好的说话方式。信口开河并不表示你很会说话，相反的，证明你说话缺乏热诚，不负责任。至于说话像放连珠炮，那只有使人厌烦，因为你一开口，别人就没有机会启齿了，结果当然是自讨没趣。

◇在公共场合说话，你要顾及别人的安宁，声音不要太大。假若你是对众人演说，要注意自己说话声音是否能使每一个人都听得到。形容一件事或是一个人，都必须恰到好处，别以为夸大之词可以收到预期的效果，相反的，言过其实，必定会受人轻视。

◇做一个有耐心的听者是谈话艺术中的一个重要的条件。因为能静坐聆听别人意见的人，必是一个富于思想和具有谦虚柔和性格的人，这种人在人群当中，最先也许不大受人注意，但最后则是最得人尊敬。因为他虚心，所以受任何人喜欢；因为他善于思考，所以成为众人所信仰。

一个人带给别人的印象好坏，除了外表和仪态之外，最重要的就是谈吐说话的表现。一个会说话的人，不管走到哪里总是成为众人瞩目的焦点。"说话浮躁的，如刀刺人，智慧人的舌头却为医人的良药。"

的确，语言的威力何其大。同样从嘴巴说出的一句话，可能化解一场致命的危机，也可能导致更大的伤害。一句话能使人正面积极，一句话也能使人负面消极，就像双刃刀一样，拿捏之间要非常谨慎小心，否则伤人也会伤己。下面的几句话，非常值得思考：

急事，慢慢地说；

大事，清楚地说；

小事，幽默地说；

没把握的事，谨慎地说；

没发生的事，不要胡说；

做不到的事，别乱说；

伤害人的事，不能说；

讨厌的事，对事不对人地说；

开心的事，看场合说；

伤心的事，不要见人就说；

别人的事，小心地说；

自己的事，听听自己的心怎么说；

现在的事，做了再说；

未来的事，未来再说。

语言的魅力是一个人综合魅力的重要组成部分，拥有了高超的口才艺术和说话的技巧，你的事业将会一帆风顺，人生将会更加丰富多彩。

5. 懂得倾听的艺术

倾听是一种习惯，倾听是一种尊重，倾听是一种内涵。我们的民族要学会倾听，讨论倾听的重要时越觉得倾听很重要。一个老师没有学生的倾听就无从谈教学，所以在教学中我们总在培养孩子的倾听习惯。一个人不会倾听别人的意见是不懂得如何尊重别人的，而我们的民族需要这样的尊重。

倾听，是生命中不可或缺的一个章节。是倾听，让我们明白了什么才是真、善、美，让我们彼此的手握得更紧、心灵贴得更近，让我们积累了许多难得的经验，少走许多不必要的弯路；是倾听，让一句简单的话语，有了神奇的力量，让那些琐屑的小事一下子变得无比的亲切起来，让那些平凡的日子陡然增添了动人的光彩……

学会倾听

倾听是一种姿态，是与人为善、心平气和、虚怀若谷。倾听是一首歌，是团结之歌、友爱之歌、和睦之歌。有了这种姿态，就能做到海纳百川、光明磊落、心底无私。

有这样一个小故事：古时候有一个国王，想考考他的大臣，就让人打了三个一模一样的小金人让大臣分辨哪个最有价值。最后一位大臣用一根稻草试出了三个小金人的价值：他把稻草依次插入三个小金人的耳朵，第一个小金人稻草从另一个耳朵出来，第二个小金人稻草从嘴巴里出来，只有第三个小金人，稻草放进去以后，什么响动也没有，于是老臣认定第三个小金人最有价值。

同样的三个小金人却存在着不同的价值，第三个小金人之所以被认为是最有价值也因为其能倾听。其实，人也同样，最有价值的人不一定是最能说会道的人。善于倾听，消化在心，这才是一个有价值的人具有的最基本的素质。可事实上，生活中的人们并不是都善于倾听。

倾听其实是一种幸福。生活中我们不妨倾听父母那喋喋不休的唠叨，这是一种爱意的释放；我们不妨倾听子女的诉说，以朋友的姿态去感知那颗心灵，给予他们前行的信心；我们也不妨倾听朋友和同事的喜悦和烦恼，真诚的为他们的进步高兴，为他们的成功喝彩，成为他们雨中的一把伞、路上的一盏灯。

学会倾听逆耳之言。人无完人，金无足赤，每个人都存在着缺点，每个人的工作方法与思路也绝不是完美的，这就需要他人来指出。而作为倾听者需以一副虚心求学的态度来接受。发自内心的逆耳之言是一种关心，更是一种爱护和帮助。

生活是一部厚厚的长卷，需要心灵的关注，更需要心灵倾听。倾听是一种技巧，当你掌握了，会助你奔向成功！

罗杰·弗里茨（Roger Fritz）曾经写过叫《像经理一样思考》(Think Likea Manager) 一书。虽然，弗里茨写作该书主要是针对管理方面的新手的，但如果你能够仔细阅读该书，并细细体味的话，或许你会跟我有同样的认识：其实每个人都应该像经理一样思考，像一位优秀的经理一样倾听。关于如何更好地倾听，书中就告诉我们如下一些技巧：

◇首先要向对方发问，可以提些诸如"你认为这就是问题所在?"、"你的意思是……"、"你能说得明白一些吗?"等问题。这些提问有助于你获得更多信息，并理解问题的各个方面。由于多数经理人员赞同的做法是"准备，开火，瞄准"，现在，许多人喜欢有人坐下来倾听别人陈述对情况的看法。

◇然后持中立态度，像"嗯"和"真有意思"等中性评价性语言能表示你对谈话感兴趣，并鼓励对方继续说下去。这是最难的技巧之一，因为这要求你真正跟上对方谈话的主题。不过，如果你的确很擅长这一技巧，那么，你可以辞去现在的职位而去当一名心理医生了。

◇其次是重复对方观点，可用"按我的理解，你的计划是……"、"你是说……"及"所以你认为……"等句式。这些说法表明你在倾听，并明白对方的意思。重复的重要性在于让你尽早发现有无曲解对方。

◇再次要对对方的问题做回应，常用说法有"你的感觉是……"、"你是不是认为自己没有得到公平的待遇……"。听对方所言与知对方所想完全是两回事。

◇最后是对对方观点的总结，试着用"你的主要意思是……"和"如果我的理解没错的话，你认为……"等说法。不要第一个下结论，先听他人的结论可能更有价值。

人往往有一种表现欲，喜欢在以自我为中心的孤僻区域讲个喋喋不休，喜欢把自己的优点在别人面前展示得一览无余，喜欢逞一时之快，喜欢看到别人被自己说得张口结舌和不知所措的表情。于是，心

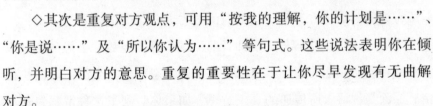

81

高气傲的人们之间便多了一份隔阂，少了一些包容，多了一些冲动，少了一点理智。于是，寂寞、失意与种种的怀才不遇便如同流感一样穿行于大街小巷。

倾听是一种与人为善、心平气和、虚怀若谷的姿态。有了这份姿态，就会多听一些意见，少出几句怨言，或许就意味着家庭中多了一分和睦，恋人间多了一分和谐，朋友间多了一分和气。著名社会学家、语言学家卡耐基说："一双灵巧的耳朵，胜过十张能说会道的嘴巴。"让我们学会倾听，在倾听中提升情趣、感悟人生！

发挥倾听的作用

在我们的日常生活和社会交往中，沟通不仅需要交谈应答，更要学会倾听。倾听是一门艺术，也是尊重他人的表现，是建立良好人际关系的需要。研究表明，在人们日常的交流活动中，听的时间约占54%，说的时间约占30%，读的时间约占10%，写的时间约占6%。

除了"说"的内容外，说话者的语调、身体姿势、手势、脸部表情和眼神等所表达的情感和意思是被很多人忽略的一个层面。而往往情感层面是说话者所传递的真正意思。如果你听到了这种情感，却没有给予正面回应，说者就会很失望。

倾听是沟通的基本礼仪，是对说话人的尊重、重视、认同和鼓励，让你赢得信任；倾听能让你了解对方到底在想什么，挖掘其真实的需求；倾听能让你了解对方的性格、爱好与兴趣，找到共同话题；倾听可以让顾客的抱怨和不满得到宣泄，有利于解决问题；倾听可以使你有充分的时间思考如何策略性地回复对方；倾听，也是一个学习、吸收的过程，让你突破自己的局限，掌握更多信息和知识。

正如世界文学巨匠伏尔泰所说："耳朵是通向心灵的道路。"两个人交流的时候，其实倾听者比说话者更加伟大。因为，只有倾听者肯定的眼神和耐心才能让说话者有兴趣说下去。因此，沟通的最高境界就是静静地倾听。

俗话说："偏听则暗，兼听则明。"要善于倾听多方面的声音，从中仔细辨别，分出真伪，从而做出正确的判断。耳听八方，能使我们跟上时代前进的步伐；广纳群言，能使我们保持清醒的头脑；谦虚谨慎，能使我们增长知识与才干。

从现在开始倾听，让倾听成为一种习惯。第一个对象就是家人、顾客和伙伴。倾听，可能比任何道理都具说服力。懂得倾听，比说什么精巧的言词都更能赢得他人的心。

★善于倾听，赢得信任

推销员需要的是倾听，这是推销员中守则的一项必要原则。善于倾听的推销员，会成为客户的朋友，赢得客户的信任。

专心致志倾听正在和你讲话的人，这是最为重要的。认真倾听对方的谈话，正是我们对他人的一种最高的恭维。至于成功的推销，并没有什么神秘的，而且没有别的东西会比这更令人开心的。

推销员该如何把握推销的关键点呢？这就需要学会倾听，鼓励客户尽量多说话。你可以从他们的谈话中找到最重要的原因，并说服他们。

老李是某产品的推销员。有一次，一位顾客决定向老李购买2000元的产品，老李很开心。在他备货的时候，顾客兴高采烈地谈起了自己刚考上重点大学的女儿。老李正忙着，就头也没抬随便应答了几句，等他备好货准备交给顾客时，顾客却突然掉头走了。

第二天，老李忍不住给顾客打了一个电话，询问顾客怎么突然改主意了。顾客非常不高兴地说："昨天，我和你谈到了我的女儿，她刚考上重点大学，是我们全家的骄傲，那些产品就是为她买的，你却连一句恭喜的话都没有。我已经向一位懂得欣赏我女儿的业务伙伴买了产品。"

老李这才恍然大悟，这笔生意失败的根本原因就是自己没有认真倾听顾客的言谈，没有关注顾客的情感。作为销售人员，听比说更重要。

倾听是一个对对方发出的信息接受、理解的主动过程。要真正做到的是"倾听"而不是仅仅在"听"，就要求人们作出一定的努力。有心理学家指出："积极倾听的人把自己的全部精力——包括具体的知觉、态度、信仰、感情以及直觉——都或多或少地加入到倾听的活动中去。消极地听，则仅仅把自己当作一个接受声音的机器，既不加入任何个人的感觉或印象，也不产生什么好奇心。"

倾听利于交往。台湾心理学家黄月霞认为："倾听是有效沟通所必备的元素，它是一种接纳的语言。"倾听是接受、分析、理解、分享的过程。具有较强倾听能力的人才可能会有好的人际关系，才能与人很好的沟通合作。

在倾听中，会感知生命的落叶不止在秋天，忧郁和悲伤不能久驻心灵，孤独也是一种美丽；在倾听中，会懂得理解的艰难和重要，即使是陌路人的一抹微笑，也足以驱散满怀的寒意；在倾听中，会明白阳光公平地照耀你我，照耀辉煌与平凡；在倾听中，会发现自己正在与一个博大的世界对话，所有的风霜雪雨，所有的世事沧桑，都只是一片自由舒卷的云朵，都只是墙上嘀嗒的钟摆声……

6. 信任是合作的基石

信任一个人有时需要许多年的时间。因此，有些人甚至终其一生也没有真正信任过任何一个人倘若你只信任那些能够讨你欢心的人，那是毫无意义的；倘若你信任你所见到的每一个人，那你就是一个傻瓜；倘若你毫不犹疑、匆匆忙忙地去信任一个人，那你就可能也会那么快地被你所信任的那个人背弃；倘若你只是出于某种肤浅的需要去信任一个人，那么旋踵而来的可能就是恼人的猜忌和背叛；但倘若你迟迟不敢去信任一个值得你信任的人，那永远不能获得爱的甘甜和人间的温暖，你的一生也将会因此而黯淡无光。

信任的含义

信任是一种弥足珍贵的东西，没有人能够用金钱买得到，也没有人可用利诱和武力争取得到，它来自于一个人的灵魂深处，是活在灵魂里的清泉，可以挽救灵魂，让心灵充满纯洁和自信。信任，就是相信你不相信的事。

信任是一种有生命的感觉，信任也是一种高尚的情感，信任更是一根连接人与人之间的纽带。你有义务去信任另一个人，除非你能证实那个人不值得你信任；你也有权受到另一个人的信任，除非你已被证实不值得那个人信任。

有一个故事：一个劳改犯人万念俱灰，心想这世界上再也不会有人相信他了。后来，他越狱了。在他亡命途中，他大肆抢劫钱财，准备外逃。在逃亡的火车上，他站在厕所旁边，过了一会，有个姑娘来上厕所，发现门扣坏了，便轻声的对他说："先生，你能为我把门吗？"正是这姑娘纯洁无邪的眼神，使他像一位忠诚的卫士一样，严严把守着门。下了火车以后，他就去派出所投案自首了。

是啊，这个世界需要信任。人与人之间需要信任。不要远离信任，因为信任会使我们活得轻松，也会为别人带来希望。信任的产品是友谊，多一份友谊总是快乐的，没有人会傻得连友谊这样的产品都拒之门外。经常怀疑一切的人，是永远得不到信任的人，是永远被孤立起来的人，是生命的一种极大的不幸。

★朋友的含义是信任

伟大的信任产生在伟大的友谊之上，友谊是信任的基础。——梭罗

在寻求知己的过程中，我们不能对朋友带有疑虑之心，也不能刻意隐瞒自己的事实，我们必须坦诚相见，将心比心，给予别人足够的信任，这样别人也才能够真正与我们交心。也只有这样，我们才能在交往中找到真的知己。

有人说古人是非常讲信用的，所谓的"君子一言，驷马难追。"讲的是：应如何对待自己言出必行的结果，这样的人通常就能称为"君子"。

然而，即使是在古代，作为一位君子也是很辛苦的，有时候甚至要付出生命的代价。比方说关云长的"身在曹营心在汉"，如果不是碰上爱才如命的曹操，关云长为了信守"桃园三结义"是不是要付出生命的代价，实在很难说。

由此可见，在戏曲中一直以白脸形象出现的曹操实在也是个讲信义的君子。他虽然说过"宁愿我负天下人，也不愿天下人负我"的鬼话，实际上，骨子里在关键时刻还是想做一个君子的，起码不想做一个杀君子的人。

但是相反的是，作一位小人却比做一位君子容易得多。随意的背信弃义至多担一个不讲信用的骂名，但有时候却造就了他的成功。但如果同样是似乎非常讲信用的关云长，在荆州的问题上却不怎么光彩，不仅跟着刘备不讲信用，死不归还当初借的荆州，而且居然还厚着脸

皮搞什么单刀赴会，挺英雄的样子，实际上却是在要赖。

因此，即使是一个伟人，有时候也难免做做小人的。但是，我们不难发现，在古人中君子总是多于小人的，小人之举常常为人所不耻，古人这点鉴别能力相当厉害。

然而，作为现代精明的生意人会把自己用金钱堆积起来的信用度聪明地换来更多的金钱，而据说一类具有现代意识的现代人则会对自己的信用度进行包装，并对别人的信用保持足够的警觉。而另一类现代人则重演着关云长千里走单骑的故事，他们为维护自己的信用付出了惨痛的代价，甚至生命。

无论是信任别人还是被别人信任，都是一种无法言状的幸福。信任是一种力量和魅力，这种无形于有形之中的"活力"，大则可以振兴一个民族，小则可以拯救一个灵魂。信任的力量是无穷的，彼此的宽容、信任，可以使我们的友谊、合作关系之树长青！

彼此信任，合作愉快

有人说：最初的合作来自于感觉，渐深的合作来自于沟通，成功的合作来自于互相信任。合作是双方都向往的事情，合作的叠加不是简单的加和，对整体十分有利。然而由于信息的不对称，双方都倾向于欺骗。要克服欺骗的诱惑而走向合作，需要解决双方行动中的信息不对称问题，这并不是一件容易的事情。有信任才有办法合作，但信任只是合作的最基本的要件而已，并不代表有信任就可以合作。

相信一个人就等于帮助一个人。信任别人，他们就会用真诚来回报你；善待他们，他们就会表现出自身的伟大品质。

以前看这句话没有太多感觉，觉得只是另一个文字游戏罢了，直到多年职场的历练后，见闻逐渐宽广，才开始体会话中隐藏的智能。"信任"几乎已成企业工作团队的口头禅，大家都强调要彼此"信任"，可是"信任"在现代忙碌的职场似乎越来越薄弱，如果你不相信，打听一下，有哪个企业老板没有"耳根子软"的问题？

这是关于孔子的故事：有一个孔子最得意的门生——颜回。有一次孔子周游列国，困于陈蔡之间七天没饭吃，颜回好不容易找到一点粮米，便赶紧埋锅造饭。米饭将熟之际，孔子闻香抬头，恰好看到颜回用手抓出一把米饭送入口中，等到颜回请孔子吃饭，孔子假装说："我刚刚梦到我父亲，想用这干净的白饭来祭拜他。"颜回赶快接着说："不行，不行，这饭不干净，刚刚烧饭时有些烟尘掉入锅中，弃之可惜，我便抓出来吃掉了。"

孔子这才知道颜回并非偷吃饭，心中相当感慨，便对弟子说："所信者目也，而目犹不可信；所恃者心也，而心犹不足恃。弟子记之，知人固不易矣！"以孔子之圣，面对颜回这等贤徒，犹不能完全"不疑"。

想一想，在企业真实世界中，有多少主管（或老板）能像孔子一样了解他的部属？而你我芸芸众生，有几个修养可与颜回比拟？如此推论，"信任"似乎只是求之不可得的理想罢了！

高绩效团队的一个特点是：团队成员之间相互高度信任。也就是说，团队成员彼此相信各自的正直、个性特点、工作能力。但是，从个人关系中不难知道，信任是脆弱的，它需要很长时间才能建立起来，却又很容易被破坏，破坏之后要恢复又很困难。另外，因为信任会带来信任，要维持一种信任关系就需要管理人员处处留言。

如果双方在相同的事情上长时间处于合作的状态，那么，在相同的条件下针对相同类型的一个新事件，双方将仍然处于合作状态。持续的合作状态表示双方同时处于信任对方的状态，或者说是相互信任状态。

那么，更大的信任关系，通常需要至少有一方经过长时间的精心培养，一点点地积累起来的，至少有一方需要长时间地关心对方，并精心地付出。如果有一方选择合作或者对抗对另一方来说结果是不可知的，这一方的合作只是一种促进因素，另一方的利益取决于其他一些更加重要而又不受合作一方控制的因素。

然而，选择合作的一方需要付出代价，而对抗却不需要付出代价或者更小的代价，那么这一方的合作行为同样是有利于培养信任的合作。信任关系的建立一般是一个长期的过程，需要在一种合作的愿望下精心地培养。

只有以相互信任为基础进行合作，我们才能提出问题，有效地解决任何人都无法独立解决的问题。在劳动分工中，信任来源于被习惯加固的契约，人们为了完成共同的意愿与目标，约定以友好的方式合作共事。

合作源于信任。在现今诸多的国际组织与团体中，其实都是以合作为基础的，而这样的合作正是建立在各国间相互信任的基础上的。合作是需要不同的个体共同完成的，而且是需要默契的。如果个体间缺乏充分的信任，就不会有默契，合作也就不可能成功。

合作的确是一种精神，它源于信任，且无处不在，更重要的是这种精神是难以估量的。这个时代呼唤许多精神，而团结合作精神将永远是推动时代前进的不竭动力。

7. 关爱生命，奉献爱心

生命的意义在于付出，在于给予，而不是在于接受，也不是在于争取。

——巴金

对于处在困境中的人们，一次爱心的援助带给他们的不仅仅是帮助，更是生活的温暖和未来的希望……在给受助者提供物质帮助的同时，更是传递了一份爱心，拉近了心与心的距离，施予爱心是一种生命价值的集中体现。

是的，心存感动，才能让爱心飞扬。而拥有爱心的人才充满了对生活的热爱。热爱他人就是善待自己，爱心的回报有时候超过了金钱的价值，甚至能挽救人的生命。

爱心让生命延续

在网络上发生了这样一个爱心救助故事：小桐桐姓张，来自山东，刚出生就患有严重的疾病，是网络上一双双看不见的手，托起了他即将沉没的生命之舟。

2006年9月，网友"风"在媒体上看到小桐桐的不幸故事，总想为这孩子做点什么，就专程跑了100多公里，实地了解情况后，将拍摄的照片挂到了"天天社区"上。

帖子很快引起网友关注。鉴于网上信息可能失真，资深网友"自强不息"率先向总部位于海南的"凯迪网"提出"非分想法"，希望他们能为网络捐助搞一次实地调查。凯迪网很快响应，出动了几位编辑前往核实，并专门为小桐桐做了页面，帖子也被置顶。网友们还分别在各个博客发动募捐，十元、一百元……善款不断增加，达到9万余元。

从2006年12月起，天南海北的网友们便开始在各地张罗，为小桐桐落实治疗事宜。最终，他们选择了广州。然后是找医院、找专家、租房子安顿小桐桐父母……

2007年1月3日，身在广州的网友"他乡的龙"自掏腰包专程到山东接小桐桐一家三口来广州。

之前一直担心广州人会不会"冷漠",志愿者在广州能否接得上?没想到走出机舱的一刻,所有的担心化为乌有。有人接机,有人探访,有儿科医生出身的网友主动帮忙。年近花甲的老广州、才学会上网一年的网友"蒙泰尼里神父"不放心外地网友托人租的房,之前还上门"踩点"……辗转几家医院后,终于确定小桐桐在广东省人民医院的心血管研究所心外科做手术。

广州的网友就这样接过了全国网友递来的爱心接力棒。

谁说虚拟的空间不能有真实的感情?

在网友代租的房子里,记者见到了小桐桐的父母。生活在农村,从没接触过网络,小桐桐的父母甚至用起网友给的手机都略显笨拙,可说起"他乡的龙"、"神父"、"雅科夫"、"木棉花开"、"花猫"……这些网名,他们黯淡的眼睛里立刻就会焕发出神采:"每天都有网友来看小桐桐,或是忙前忙后帮我们与医院沟通。"

孩子的病是绕不开的主题。母亲钟玉萍9次疏通输卵管,盼了6年,才迎来了这个小生命,却不料:出生没几天孩子就被诊断为"先天肛门闭锁"。医院的紧急处理是"造瘘",也就是在孩子肚脐旁开一个口子,把直肠拉出来直接排泄。

2007年5月,孩子又被查出患先天性心脏病,要想做肛门手术,得先解决心脏问题。

网友们的捐助使得这个不幸的家庭一度看到了希望。没想到来到广州,小桐桐又被确诊为"唐氏综合症"。此症由先天染色体异常引起,患者智商通常很低,伴随此症的疾病还有肠胃道闭塞、先天性心脏病等。

随着治疗的深入,网上捐款余额在减少,后面的路还那么长,怎么办？夫妻俩为了孩子心力交瘁，两人一顿合起来才吃一份盒饭，为孩子能睡个安稳觉，他们更是彻夜无眠地抱着、摇着……

弃之？救之？引发大碰撞。

放弃太难！

在被医生初步诊断患"唐氏综合症"时，小桐桐的父母傻眼了，而几位陪同的网友也有些不知所措。"他乡的龙"说，自己还记得当时的"迷惘"：放弃治疗，还是继续救治？即使手术成功，孩子和家人还有多漫长的路要走啊！"不知道为什么，那孩子特别有灵性，医生当着他的面和他父母谈话时，小桐桐就一直默默流着眼泪无助地看着，一个 9 个月大的小孩好像害怕我们要放弃他……那晚久久难以入睡，因为他那眼神。"

消息一上网，便引发了热烈讨论与观点碰撞。

有网友提出放弃，因为"让人活下去是人道主义，让人有尊严地活下去也是人道主义"；有人认为救了孩子，却让他及家人承受后面的痛苦，太残酷。

但也有人对此反诘：你怎么知道智障者无法享受生命的快乐？恰恰相反，就我们的生活经验而言，智障者对生活要求不高，压力也更小，他们那种单纯干净的快乐却是许多正常人无法体验到的。如果说生命的本质就是追求快乐，显然他们比我们更容易达到这个境界。我们有什么理由拒绝他们快乐地生活？

有的网友提出应当检讨这次救助活动，也有网友认为活动很好："救助本来就存在风险，不管结果如何，我们已经实践了一个承诺，那就是：爱！"只有不到 10% 的网友认为继续救治"不值"。

"大家已经走到这一步。"他的父母说，"是个呆子他们也要养。"难道我们有权力，我们忍心让他们抱着对那么多好心人的感激来到陌生的广州后，再带着泪水从广州离去吗？只要不放弃生命，就有可能出现奇迹！

生命没有贵贱，也不应把人分作有用、没用，发起网络救助的目的就是为了不让弱者"落单"。

这场网络救助仍在继续，爱心仍在传递……

这是一个感人至深的救助故事，为了一个有智障的孩子，即使把他救活了他也不会和智力正常的孩子一样生活，可是他的父母、全国各地的网友们还是没有放弃他，因为生命的价值在于付出，在于给予，而不在于接受。

在一件幽暗的小平房里，一位苍老的母亲抚摩着先世的丈夫的遗照，镜头一转出现了一名看上去就知道是智残的男子，画外音出现（母亲的声音）："原来我打算如果我走了，也一定把他带上……可直到他们来了，我们娘俩儿的生活变好了！"与声音同步出现画面里的是一群青年志愿者为这对娘俩儿买米、打扫屋子、料理生活……直到这个公益广告片结束，如果人人都献出一点爱心，他们也会活得同样的精彩！——5月20日全国助残日，哦，原来五月的第三个星期日是全国助残日，一个为他们的独特节日。

看到这儿就令人不自觉得想起张海迪、残联主席邓朴方等身残志不残的新时代的英雄，还有最近经常在各大报纸媒体中看到的特别音乐指挥家舟舟。尽管他是一名智障人士，但他本着对音乐的那份挚爱与热忱，最终使他走上国际舞台，与世界级的指挥家同台献艺。当然舟舟的成功与他自己的努力密不可分，但更多的来源于他身边许许多多充满爱心人们的帮助。

献出爱心的这些人们各有各的缘由，有的是同情弱者，有的是乐善好施，有的是想为社会做些事情，但不管其出发点是什么，得来的结果都是最好的，得到这些爱心的残障人士的生活也都因此变得丰富幸福起来。

其实每一个人在一定程度都可以说是残疾的，如果你不是身体上的残疾，就会是智力上的残疾；如不是智力上的残疾，就会是心理上的残疾，再或是性格当中的残疾，因为人都会自卑、孤独、怯懦、贪婪……当有了这些人性中的弱点时，人，就不够完美了。所以就不难理解，为什么身体和智力都健全的人的自杀率却远远大于真正的残障人士。我想，心灵上的残疾并不是光靠爱心就能够解决的。所以，每一个人在献出爱心的同时都是需要被救助者。

所以爱心的付出是并不求回报的，那你有看到他们得到我们的帮助而幸福的过活吗？那你有感觉到我们因付出爱心而充实的心灵吗？一定有，真的！因为在你施予爱心的同时，你也正在体现着自己生命的价值。

爱心对一个人来说是一种心态，是一种精神，是一种生活境界。"爱是一种能力，而不是对象，爱是一种主动行为，它包括责任、尊重、了解、照顾……"

爱心是要传递的。我们不是仅仅因贫而助，而是因助而助才助。爱心绝对不是无条件的，爱心要对社会负责。爱心会让我们懂得生命价值的真谛，也懂得了生命的价值所在。

爱心无价

我们每一个人来到这个世界，创造生命的价值各不相同。有的人在洪炉旁淬火锻钢，奉献青春；有的人在田野里默默耕作，收获良田；有的人在市场大潮中乘风破浪，一显身手；有的人有一个轰轰烈烈的生，却留下一个默默无闻的死；有的人有一个默默无闻的生，却有一个轰轰烈烈的死；有的人显赫一时，却只能成为匆匆的历史过客；有的人潦倒终生，却成为历史灿烂星空的泰斗。这一切都体现在你如何看待生命，如何实现生命的价值。

今天，历史车轮已经驶入 21 世纪，神州大地发生了沧桑巨变，但雷锋并没有被人忘记，雷锋精神也没有失去光彩。雷锋所代表的先进形象，雷锋精神所蕴涵的丰富内容，仍然让我们敬仰。雷锋为什么能够成为楷模，雷锋精神的实质是什么？人们可以从不同角度概括和总结出许多经验和原因，但如果从世界观、人生观和价值观的意义上考察，关键就在于雷锋真正懂得了生命的价值所在！就是说，雷锋他意识到生命的本质、意义与价值，从而达到生命的至高境界。雷锋说："我活着，只有一个目的，就是做一个对人民有用的人。多帮人民做点好事，就是我最大的快乐和幸福。"从这里可以看出，雷锋就是将自己与最广大的人民群众的利益联系在一起，自觉地全心全意为人民服务，奉献自己生命的全部。

人的生命是宝贵的，因为只有一次，人要做的，不是要在这有限的生命里学会如何享乐，而是要懂得在这有限的时间里如何让自己活的有价值。在你年老时，回想起自己一生的历程，所度过的风风雨雨，虽然历经坎坷，但你过的很快乐、很充实，同时会觉得这一生没有白白的被浪费，你会露出像孩子般灿烂的微笑。为爱而生，做自己的心灵捕手。善用感觉，热情行动，活出真正的自己。

生命面对时间和空间，正如古人所说"若自其变者而观之则天地曾不能以一瞬；若自其不变者而观之则物与我皆无尽"。人生是短暂的，也是永恒的。人世间的生活才是实实在在的，有天伦之趣、朋友之谊、恋人之情，有理想，有美好，有追求，有梦幻，只有在人世间才能创造真正的美好天堂。珍惜生命吧，给人生唱一首赞歌。

8. 让世界充满爱

爱在每个人的生活中应该是一个不可缺少的重要元素。它就像蜜一样的甜；像薄荷一样的润喉；像春雨一样的润心；像盛开的鲜花一样赏心悦目……在爱的海洋里人们很容易陶醉其中，忘乎所以。世间的爱有许多种：母爱是伟大的；父爱是豪迈的；朋友之爱是热情洋溢的；亲情之爱是温馨的；恋人之爱是醉人的……人的一生会或多或少品尝许多的爱，有时人对爱的理解不同渴求也就有所不同。其实，让世界充满爱是人类永恒不懈的追求。

"让世界充满爱"这句话给人的体会的确很深，因为在我们身边，就有实现这个理想的一大群人，父母的关爱，朋友的友爱，集体的温暖，无不使我们感动。

可是，当一个人需要关怀，需要别人向他伸出援手、付出爱的时候却没人理睬他，他有多痛苦！就算你家财万贯、事业有成、有着天使脸孔，却不愿为一些需要一点点帮助的人送出关怀，活着有什么意思？就算你拥有世间财富、丰功伟绩、花容月貌，但走到哪里别人都向你投来异样的眼光，这眼光不是羡慕、赞许，而是嫉恨、厌恶，活着又有什么意思呢？帮助人是快乐的，世界需要爱，有爱让人不再觉得世界冷漠，让人不觉得孤单，共同的追求，共同的期待，充满爱的世界是我们心中的理想世界。

让世界充满爱

有许多人知道郭峰的成名作《让世界充满爱》，但也许很少有人知道《让世界充满爱》这部八十年代的电影。电影讲述的是一个出租车司机撞死了人，没有敢去自首，而是把内心的愧疚和无限的爱献给了死者的家人，当然，他最终并没有逃脱法律的制裁。电影的作曲者就是郭峰，《让世界充满爱》这首歌就是他为这部电影写的主题曲。

这世界上的每一个生命都属于我们地球家园，善待每一个生命就是善待我们自己。让世界充满爱！让我们爱每一个人，每一个生命！其实在我们的生活中，爱，永远是我们亘古不变所谈论的话题，不是因为什么，而是，爱的确在平凡的生命里给了我们太多的感动。

20世纪60年代，某地山里饿死了不少人，为了填饱肚子，人们在猎尽鹿、兔子之后，又把目光对准了猴子。

有一只母猴逃脱了人们的围剿。它手中还抱着两个孩子，匆忙在光秃秃的山岭上逃窜。母猴慌不择路，最终爬到空地上一棵孤零零的小树上。猴子爬上去后再也无路可逃了，它绝望地望着眼前的猎人，搂紧了两个孩子。

两个猎人同时举起了枪。正当他们要扣动扳机的时候，母猴向他们做了一个手势，两人一愣，就在他们的犹疑间，只见母猴将背上和怀中的小猴搂在胸前，喂它们吃奶。也许是惊吓，也许是不饿，两个小东西吃了几口便不吃了。母猴将它们搁在更高的树杈上，自己上上下下摘了很多树叶，将奶水一滴一滴地挤在树叶上，放在小猴子能够够得着的地方。做完这些事后，母猴缓缓地转过身来，面对着猎人，用前爪捂住了眼睛……

在自然界中，无论是对于哪种生物，母爱都是一个永恒的主题，母爱是最让人感动的爱，最令人难忘的爱，最让人无法释怀的爱！

世上有许多爱：圣洁如母爱，拳拳如父爱，坚贞如钟爱，伟大如博爱……天下之爱，可谓一个字——爱！大爱，小爱等等等等。

爱是一个极其温暖的字眼，而这个世界正是有了这种爱，才会谱写了那么多的善良，那么多的感动。如果人们都能关心你身边人，对朋友、同学、同事多一些交流，给予多一些关心、多一些帮助，也许悲剧就不会再发生，世界也更加美好！

在电影《让世界充满爱》中，主题歌的演唱汇聚当时最红的明星，有数十人之众，费翔、成方圆、刘欢、韦唯、张伟进、付笛生、景岗山等等，只能记得起这些了。现在这首歌的原版很难在网上找到，只能找到新版的。原版也好，新版也罢，不变的是同一首歌，不变的是动听的旋律和传达的真情！我们真应该一点一滴，从身边的小事做起，去共同唱响这首《让世界充满爱》！

世间的"爱"是永恒的，是不变的，是永存于世的。爱是不朽的！

一篇感人的文章，一个善意的微笑，一段动人的描述，一片暖人的爱心，在如今这个家门一关，左右邻舍是谁全然不知，亲情淡薄，朋友互防，坦然与真诚锐减的世纪里，总是让我们不禁的想起一些关于爱的话题。

有本名叫《爱的教育》的书，使人备受感动。《爱的教育》采用日记体的形式，讲述一个叫恩利科的小男孩成长的故事，记录了他一年之内在学校、家庭、社会的所见所闻。它用爱塑造人，引导我们永远保持一颗勇于进取而善良真诚的心，爱祖国、爱人民，同情人民的一切不幸与苦难。小男孩卡罗内是个同情弱小的人，经常斥责甚至动手打那些欺负别人的同学；还有一个年仅11岁的爱国少年，为了祖国的尊严而拒绝施舍；还有为救小学生而被车压碎了脚骨头的洛贝谛；还有……这些故事使我从中感受到我们是多么需要互相关心，互相帮助啊！而这些关心、帮助都是出自一种情怀——爱。在我们周围，也有许多爱，老师的爱，父母的爱，同学之间的爱……但是，只有人人都做到爱，这个社会才能进步，世界才会更加美好。

生命的目的在爱人。我们做人到底拥有多少成功和快乐，这要取决于我们到底付出了多少爱，又有多少人在爱我们。做人最博大的自由是爱，做人最富有的财产也是爱。爱的成就无限宽广，因为它能到达一切才智难以到达的心灵彼岸。

爱人者，人恒爱之；敬人者，人恒敬之。爱是一种活动的情感，不是静止的物体。爱是我们生活中一种很特殊的经验，要想拥有它，最佳办法是把它施舍给别人。诚如法国哲学家居友所说："我们每个人都有很多的同情、很多的爱心，比维持我们生存所需要的多得多，我们应该把它施舍给别人，这就是使生命开了花。"

我们生活的环境不是完美无憾的，我们生存的世界需要更多的人用更博大的爱去包容它。当我们在失落的边缘徘徊时，一句亲切的问候与最真诚的关怀是风雨之后的一道彩虹；当我们在与病魔抗争之时，一句贴心的鼓励便是凛冽寒风中最和煦的一缕春风；当我们失去家人与面对朋友的视而不见时，一声"朋友"是抚慰受伤心灵最有效的良剂……这个世界需要爱，也正是爱搭建起了人与人之间最贴近的桥梁，构造出了一个完美和谐的社会。爱，滋润着我们每一个人，它让我们感到温馨而快乐，让我们远离冰冷与痛苦，让我们在绝望中看到希望。正因为如此，我们肩负的责任更加重大，我们的权利让我们获得了爱，而更多的是我们有义务与责任把爱的种子播撒在世界的每一个角落，让世界处处有爱。

当我们走过泥泞，走过坎坷，留下的不是痛苦和辛酸，而是从关爱中感受到的甜蜜与温暖。爱，似石上的清泉，荡涤着人的灵魂；爱，似一缕清风，吹拂着人的心灵；爱，似皎洁的月光，柔柔地、亲切地洒满人间。

回顾过去，南丁·格尔驭风而翔，为世间播撒爱的种子，护士节成了永久的纪念；鲁迅，弃医从文，唤醒了沉睡的中国，"俯首甘为孺子牛"的精神永不羽化。放眼今朝，人民教师殷雪梅的言行熠熠生辉，她用自己的生命把爱洒向人间；歌手丛飞一生所愿，就是把这永恒的爱心传播下去，让世界充满爱……

爱是人性绽放的最美的花朵

爱是人性绽放的最美的花朵，是人用高贵的灵魂织成的秀美锦缎。安妮·莎利文老师为海伦·凯勒揭开了世界万物之谜，造就了一个令世界瞩目的作家和教育家。是安妮用爱的活水唤起了海伦搏击风浪的勇气，让她在"光明"的世界中走过无数辉煌的岁月。"你触摸不到云彩，但你却能感觉到雨水以及在一天曝晒之后，花和饥渴的大地在得到雨水时的那种欢乐！爱也是摸不到的，但你却能感到她倾泻在万物身上的温甜。"安妮就是这样将爱植于海伦心中。爱是美德的种子，它又通过海伦的双手将开出的花朵装点了世界，美化了人间。

我们的爱心，可以装饰别人的梦，也能教会别人如何去爱，若我们每个人都能尽自己最大能力为这世界奉献自己的一片爱心，那么这个世界将会减少许多忧伤和怨叹！因为有爱，我们的世界变得温暖。爱，让我们的生活充满激情；爱，让我们的心中有了理解。让我们去创造一个美好的世界，向身边需要帮助的人伸出援手，让爱荡漾在我们的身边。希望《让世界充满爱》吹遍世界的每个角落，唤起更多人的为"让世界充满爱"这个目标贡献力量！

热爱生活吧，相信未来会更加美好，让我们共同期待这世界充满爱！让爱驻留在我们每一个人的心灵深处。

第三章

学会做人　学会做事

第一节 学会做人

1. 相信自己是最棒的

自卑是对青少年有害的心理因素中比较突出的一种心理特征，是性格上的一个缺陷。它的表现是对个人的能力评价过低，总觉得这也不如人，那也不如人。自卑往往与胆怯、忧伤、失望的情绪相联系。

但自卑和谦虚不能混为一谈。谦虚是一种美德，受人尊敬。实践证明那些有强烈自卑感的青少年是很难在学习上取得好成绩的，个别的甚至会自暴自弃、悲观失望、破罐破摔，对生活前途、学业失去信心，走上轻生或者犯罪的道路，所以战胜自卑心理对青少年来说是极为重要的。

相信自己，才能做得更好

每个人总是以他人为镜来认识自己，如果他人对自己的评价过低，特别是较有权威的人的评价，就会影响对自己的认识，从而过低评价自己，产生自卑心理。自卑者对自我形象不认同，觉得自己长的不好，或者是对自己能力的怀疑，觉得自己没有赢得别人尊重的本钱，于是产生了极强的失落感，原有的优越感一下子就变成了自卑感。

小琳因为在初中时行为习惯极差，所以原学校拒绝吸收她读高中，后来转进了别的学校读高中。但在入学考试时成绩居全班之末，因此，她整天有愁容无笑脸，思想负担很重。班主任多次找她谈话，才得知小琳认为自己成绩差，而且"名声"又不好，总担心在班上受孤立，还担心将来别人都考上大学而自己考不上，那么被淘汰的就是她。为此，她整天抬不起头，挺不起腰，上课听讲也不专心，发言不积极，整天沉默寡言，跟同学相处也很被动。她甚至想辍学，干脆放弃高中阶段的学习，经常跟家长说"不读了！好烦了！"、"读书没意思！"家长对此也大伤脑筋。

对于小琳，其实没有必要这么想。别人怎么想不重要，重要的是你应该怎么做。对此，可使用语言暗示法。积极的语言能使人产生积极的情绪，改变消极的心态，因而，青少年可以有意识地用"你聪明"、"你一定行"之类的语言给自己打气，或是在此基础上，让自己根据自己的实际情况，每天上学之前都念上几遍，在语言暗示之后再满怀信心的去上学。

你并不比别人差，从现在开始改变自己

青少年自卑心理的产生有很多方面的原因。比如，与成长经历特别是童年经历有关，与自己的性格特点，意志品质等也有关。气质忧郁、性格内向者大都对事物的感受性强，对事物带来的消极后果有放大趋向，而且不容易将其消极体验及时宣泄和排解。因而外界因素对他们心理的影响往往要比对其他气质、性格类型者的影响大，产生自卑的可能性也相应增大。意志品质表现为自觉性、果断性和自制力强的学生在其上进心、自尊心受到压抑时，不是变得自卑，而是激起更强烈的自尊，及时调整自己的行动，以更大的干劲冲破压抑，努力拼出一条成功之路来。但有自卑心理的学生则正好相反，在经过一番努力后尚无效果便会泄气，认为自己不行，于是变得自卑起来。

另外，部分青少年由于出身贫寒，生活困难，与别人相比，觉得自己家庭经济条件实在太差而感到自卑。目前，由于这方面原因引起自卑的青少年学生有增加的趋势。

小秦从小生活在农村，家境一般。由于成绩特别突出，被省里一

所重点高中录取，他想自己的努力总算没白费，终于有了出头的日子。他在班上虽然成绩很好，但他很羡慕城里边的同学，只要星期天休息，他们就去逛商场或者出去玩，而且回来后经常向他讲述自己的所见所闻。而小秦由于见闻少，没有什么可以拿到同学面前来说的，他慢慢地变得很自卑，跟刚来学校时那个阳光帅气的小秦来说简直是判若两人。针对自卑心理，可以从以下几个方面进行改进：

1. 改变自己的形象

心理自卑的孩子，通常都有说话吞吞吐吐、走路畏缩的不良习惯。因此，可以从说话的音量、走路的姿势入手，来改变自己的心态，昂首阔步的举止以及整洁大方的打扮也能提高自己的信心。所以，对有自卑心理的孩子应特别注意教育他们改变自己的形象：穿着整洁大方的服装，讲话爽快，走路昂首阔步等。

2. 预演胜利法

每当孩子遇到困难，不敢接受挑战时，就要求他们先在头脑中想象完成任务时的胜利情景。这种白日梦式的预演胜利法，对于帮助孩子战胜恐惧心理，愉快地接受富有挑战性的任务，具有立竿见影的效果。

3. 发挥长处法

"尺有所短，寸有所长"。每一个人都有自己的长处和优势，同时，也有自己的短处和劣势。如果用其所短，而舍其所长，就连天才也会丧失信心，自暴自弃；相反，一个人若能扬长避短，强化自己的长处，就是身有残疾也能充满信心，享受成功的快乐。因此，消除孩子的自卑心理，要善于发现他们的长处和优势，并为他们提供发挥长处的机会和条件，这也是帮助孩子克服自卑心理的关键。

4. 储蓄成功法

自信是成功的保证，自信也是建立在成功的经验之上的，科学家

104

研究表明，每一次成功，人的大脑便有一种刻画的痕迹——动作模式的电路纹。当人重新忆起往日的成功模式时，又可重新获得成功的喜悦。在消除孩子自卑心理时，为了能让他生活在成功的体验之中，行之有效的方法就是指导他建立成功档案，将每一次哪怕是非常小的成功与进步都记录下来，积少成多，每隔一段时间就拿出来看看，经常重温成功的心情，这样能使他信心百倍地去克服困难。

5. 洗刷阴影法

失败的阴影是产生自卑的温床。有自卑心理的孩子遇到挫折与失败比一般孩子要多得多，及时洗刷失败的阴影是克服自卑，保持自信的重要手段。洗刷失败阴影方法很多，较为常见的有两种：一是家长要帮助孩子将失败当作学习的机遇，认真分析失败的原因，从失败中学习和吸取教训，总结经验；二是彻底遗忘，家长要帮助孩子有意将那些不愉快的、痛苦的事彻底地忘记，或是用成功的经历去抵消失败的阴影。

6. 逆向比较法

没有比较就没有鉴别，要认识自己就得拿别人来做比较。我们通常不提倡逆向比较，即用自己的长处去比别人的短处，但对于"羡人之长，羞己之短"的孩子来说，采用逆向，选择别人的短处作为比较的对象，对于消除自卑心理，达到心理平衡能收到意想不到的效果。

7. 降低追求法

一位哲人说过："追求越高，才能的发挥就越充分。"但对于后进孩子来说，与其空谈立志，还不如让这些孩子适当降低追求，让大的目标分解成若干个小目标，做到一学期、一个月、甚至一个星期都有目标可寻。目标变得小而具体，就易于实现，这样一来孩子会经常拥有成功感，可以更快地进步。

2. 放弃是做人的智慧

从出生到现在，几乎所有的青少年都对长辈们的这些话不陌生：刻苦学习，力求上进，长大后才能拥有令人羡慕的事业。在纷繁复杂的大千世界，仿佛只有拥有知识，拥有财富，拥有爱，拥有……甚至拥有自私，才能过上幸福美满的生活。可人的一生，面临无数选择，失落，得意，成功，失败，健康，疾病，我们为了真正拥有，需要放弃的东西太多了。

古人云，鱼和熊掌不可兼得。泰戈尔也曾说："当鸟翼系上了黄金时，就飞不远了。"人这一生，想拥有的太多了，但并不是拥有越多就越好，如果不是我们应该拥有的，我们就要学会放弃，对于生命中不好的事物，要懂得放弃。面对人生路上的各种选择，意味着你需要放弃其中一样，选择适合自己的，果断放弃其他，是为了更好的成功。

人只有懂得放弃身上的种种包袱，才会活得更加充实、坦然和轻松，只有根据自身特点，扬长避短，明智的只选择对自己有用的。处在人生开端的青少年，只有懂得选择与放弃的大道理，掌握做人的大智慧，才能不使自己的人生走弯路，拥有属于自己的海阔天空。

放弃造就成功

选择与放弃犹如一对形影不离的朋友，有选择就必定伴随放弃，而所有人的生活、工作、学习各个方面，都离不开选择与放弃。人们的情感总是希望无穷尽地获取，认为放弃就是失败，是逃避。青少年在父母、老师灌输"坚持下去，不要放弃，终会获得成功"的思想下，遇事时总是不甘放弃，总是盲目地坚持，其实，很多时候我们应该学会放弃，因为放弃是为了成就更快的成功。因为没有放弃，就不

106

可能有其他的选择，也不会有创新，更不会获得成功。

比尔·盖茨，一个制造商业奇迹的数字英雄，更是所有少年人心中的偶像。他在人们梦寐以求的哈佛大学上到大三时，毅然决然地选择了退学，也正是这一放弃，成就了他今天的成功。

在哈佛大学中，渴望成为数学教授的他花费一年里三分之一的时间去刻苦学习数学和物理，但结果并不尽满意，比尔·盖茨发现自己并不是最好的。他认为这条充满枯燥的研究路可能并不适合自己，于是他辍学离开哈佛，全力投入自己的另一个爱好计算机中。

试想，如果他没有选择退学，而在在哈佛深造，也可能会成为一名成功人士，但他还能成为革新电脑界，改变世界的人物吗？

正如三毛的放弃成就了她传奇般的一生；鲁迅放弃了学医，才成了文学界的泰山北斗，为世界留下脍炙人口的文章；居里夫妇放弃了对镭制法专利的申请，将制镭的技术无偿提供给全人类，才拥有了全世界的尊敬。如大地放弃绚丽斑斓的黄昏，才会迎来旭日东升的曙光；春天放弃芳香四溢的花朵，才能走进累累硕果的金秋。其实，成与败，得与失，荣与辱，往往与"放弃"两字有关。只是他们不知道自己如何放弃，又该放弃什么，坚持什么？

人的生命是美好的，但也是短暂的，所以在遇到不能够实现的人生目标时，果断的放弃更是一种明智的选择。倘若知道坚持没有结果，固执便只是徒劳，放弃又何妨？放弃是对生命的过滤，对追求方式的放弃，是对自己的重新认识和发现。常言道："不要一条道走到黑"，"不能在一棵树上吊死"，放弃并不是自认失败，不是懦弱的表现，它是为了更好的积蓄力量，寻找成功的契机。

人的精力有限，不可能面面俱到，要得到一切的人，最终可能什么也不会得到。今天的放弃，是为了明天的得到，所以青少年朋友要明白、懂得放弃，放弃你不需要的，放弃不属于你的，要敢于放弃，敢于重新选择。

勇于放弃者精明，乐于放弃者聪明，善于放弃者高明，在适当的时候要学会放弃，是为了集中精力为下一个成功储蓄力量。所以该追求的追求，该放弃的放弃，只有在不断的放弃与选择中才能真正的展现自我，才能向成功再靠近一步。

放弃是为了拥有更多

曾有一个小男孩，在山上砍柴时，不小心被毒蛇咬伤了脚趾，毒液在顷刻间扩散，可山上离医院又很远，也没有人来帮自己。男孩在犹豫片刻后毅然举起镰刀砍断了自己受伤的脚趾，然后忍着伤痛硬撑到医院，也因此而保住了自己的性命。

放弃对自己有害的脚趾而获得生命，就如树木为了长高，必须放弃多余的枝叶；花朵为了结出果实，必须放弃迷人的美丽；蝌蚪为了变成青蛙，必须放弃天生的尾巴一样，每个人在必要的情况下要懂得放弃，要舍得放弃，放弃是为了去拥有更多。

每个人都有着有许多责任和欲望，青少年也不例外。面对大千世界的诱惑，如果不懂得放弃就会在欲望的漩涡中丧生；面对自己太多的欲求，如果不懂得放弃就会成了欲望的奴隶；面对生活的太多无奈，如果不懂得放弃就只能愁苦一生。是，在面对坎坷和困难时，要坚强，但也不能太固执，必须学会适当放弃。因为自己以后的人生路还长着，机会还可争取，但青春的时间却是眨眼即过，青少年必须在这青春的大好光里寻找适合自己的。应该放弃的，勇于放弃；应该拥有的，努力争取，才能让短时间的青春收获丰硕的果实。

青少年可能认为，放弃是最遭的选择，但有时放弃比坚持更重要。有这样一句话："当你紧握双手，里面什么也没有；当你张开双手，世界就在你手中。"放弃不仅是为了去赢取更多的机会与时间,在放弃的同时也会得到很多。在学习上,只有放弃对昨天失败的懊恼,才能认识到今天的差距,明确明天的目标,最终拥有成功的喜悦和胜利的微笑。

学会放弃吧,放弃那些不切实际的目标和欲望,放弃过去的失败和纠葛,放弃那些你不需要的,不属于你的东西。生命的价值在于它的一次性,不管是快乐和忧伤,还是微笑和泪水,过去了就不可能重新回去。在明智的放弃时,也便是选择了成功和获得,人只有能放弃,才能轻松的脚踏实地的开始去拓展出一片新天地。

懂得放弃对于青少年尤为重要,学会放弃昨天,留下最美好的回忆,学会放弃,让自己的生命旅程更加从容畅然!

3. 做个有志向的人

"你打算将来干什么?"这是生活中出现频率最高的问题之一,尤其是朝气蓬勃的青少年。的确,理想和未来对每一个人来说即是一个让人伤脑筋又是一个十分关键的问题。罗曼·罗兰曾说过:"没有志向的青年,就像断线的风筝,只会在空中东摇西晃,最后必然丧失前程。"人只有有了志向,生活才会有芳香,人生的价值、意义和境界才能在对志向的追求过程中得到好的体现。所以,要敢于把自己的人生目标定位到成才的坐标之上并为之不断地去努力。只有这样,自己的青少年生活才会更加丰富而充实;只有这样,才能更加完善自己的人生。

凡事遇则立,不预则废

人们常把"人无志不立"、"志不立,天下无可成之事"之类的话语当作自己的座右铭,这里所说的"志"其实就是人们心中那个确定目标,以及要为之奋斗的决心与坚持。立志就是让一个人从大地上站立起来;从懵懵懂懂中清醒过来;从浑浑噩噩中悔悟过来;从艰苦之中卓然挺立起来。立志是一种自我警醒，是成就自我关键也是最基本的一步。或许你目前一无所有，一无所成，这些都无关紧要，最重要的是有志向。

我们都知道，每个人在心里定义的人生成功都是不一样的。但无论这个定义有多广泛，有一点是不会改变的，那就是在相同的条件下，不管选择了怎样的人生道路，事先有没有目标其结果是大不一样。有些人的生活完全没有目标，有些人只计划眼前几天的日子，但现实的生活总会神奇的将它与那些有明确目标并且能持之以恒的人区别开来。所以，一个人在成长的过程中，首先须要立志。

古语有云："凡事预则立，不预则废"。观察你的周围就不难发现，很多同学不单对自己没有什么要求，而且还沉沦在迷惑颠倒中。有同学喜欢打网络游戏，只要一碰触到鼠标，精神状态就能一下子进入忘我的境界，可以废寝忘食，两耳不闻窗外事。他们有着无比的决心，强大的意欲，不"打到痛快"誓不罢休，希望创出纪录，来肯定自我的价值。相反一位高考状元曾经这样说："人要树雄心，立大志，当我上中学时，就立志将来上重点大学；当我选择了文科后，就立志上北京大学；当我名列前茅时，就立志拿文科状元；当我拿到北大的录取通知书时，就立志继续深造，向更高的学位攀登。"他就是在这样一种不断确立目标、不断追求、不断实现目标的过程中体会学习的成功与快乐。所以，立志的人和没有志向的人在各个方向都不大相同，正因为如此，立志才把人区别开了，也才有了成功与失败之分。

鸟贵有翼，人贵有志。人的一生绝不能随波逐流，这样的生活方式对自身无任何好处，死后也会默默无闻不能为世人留下些什么。正因为如此，就要在年轻之时给自己定下志向，时刻保持激情去追求那些可望而不可及的东西，努力去做旁人不敢做也无法做到的事情。只有拥有这种可贵的自强自立精神才能报效国家，光耀门楣。

有志向方能成大事

一个人即便是出身贫寒，饔飧不继，但只要有远大的志向、崇高的抱负，也能奋然前行，干出一番惊天动地的事业。相反，如果没有远大的志向，就不可能成就大业。一般情况下，对自己的要求高，取得的成就越大；对自己的要求低，取得的成就则小，甚至会一事无成。

英国杰出的物理学家法拉第确定电磁感应的基本定律，从而奠定了现代电工学的基础。此外，有磁致光效应等多项重大发现。然而，这位被大思想家恩格斯称作是"到现在为止的最大电学家"，却连小学大门都没有进去过。当同龄的伙伴都坐在教室时，他却一边卖报，一边认字。后来又自学了电学、力学和化学知识。他立志要在科学领域作一番成绩，于是就给赫赫有名的戴维教授写信表示："极愿逃出商界入于科学界，因为据我想象，科学能使人高尚而可亲。"而当时的法拉第仅仅是一个装订图书的学徒工。

试想一下，如果法拉第没有远大的志向，世界也就少了一位如此受瞩目的科学家了。当然，在这个世界上，每一个人都是独一无二的。不同性格、不同的气质、不同的爱好也决定着每一个人不同的志向，即"人各有志"。但不论有多么不同，有一点是相同的，那就是文天祥曾说的"丹崖翠碧千万丈，与公七上上上上"，胸有大志，或者说胸有"鸿鹄之志"才能使个人的天赋得到最大化发展。

有志向虽然是人生成功的关键因素之一，但不要忘记在立志与成功之间，还需要坚持不懈、努力奋斗。如果做语言的巨人，行动的矮子，那么再宏伟的好志向也只能是海市蜃楼。唐代的高僧鉴真东渡日本弘扬佛法，历尽磨难，前五次均告失败，但他并没有放弃，屡败屡起，直到第六次，终于到了日本，把唐朝的文化带到日本，他本人也成了日本佛学中律宗的创始人。所以，在为自己立下志向之后，一定要坚定信念，将理想化为现实。

一个人将来能不能有作为，决定于他青年时期有无志气。志气的来源并不是他少年时是否是有成就大事业的气质，而在于他有没有成就大事业的方向和一颗相信自己、永不退缩的心。所以说，尽早的指定一个属于自己的志向，是获得成功的最有效的方法。所谓："磨刀不误砍柴工"，拿时间来仔细的考虑一下这个问题，甚至是和老师家长共同探讨，都将是大有收获的。

4. 做一个富有爱心的人

爱心是一个人非常重要的心理素质。如果一个人没有爱心，那他就是一个冷漠的人，一个与社会脱节的人。爱心就是关心他人，它的表现形式是多种多样的，并蕴含着深广丰富的内涵。青少年处于身心不成熟的发展阶段，因此，青少年必须通过一系列的社会实践和理论相结合才能使他们真正了解爱心的含义。

青少年为何会缺失爱心

青少年缺失爱心原因如下：

★★★狭隘的生活空间。狭隘的生活氛围使青少年的交往范围只限制在班级同学之间。这种生活空间使他们没有足够的交往空间，他们的烦躁情绪不能正常的释放出来，所以，他们把这种不良的情绪和心理转向周围的人或事物上。

★★★不会表达内心的爱。在这个富裕的时代，青少年们过着衣食无忧的生活，这些是促使他们缺乏爱心的重要原因之一。他们以为亲人的付出是天经地义的，从来都不去想去关爱他们，同时也不知道如何去尊重别人及关爱他人。有些青少年即使心中有一份纯真的爱心，却不懂得应该如何表达出来，久而久之，也就不懂得去爱了。

★★★不良的家庭氛围。家庭环境对青少年的心理健康发展有着非常大的作用。有些家庭中因为亲人之间的关系不和睦，经常吵架或冷战，有时还会出现粗暴的打骂行为，这些不良行为严重影响了青少年的身心健康和思想品德。长期生长在这种家庭氛围中的青少年会缺少亲情，缺少爱，所以，失去爱心也是在所难免的。

★★★没有足够的活动空间。狭隘的生活空间使青少年没有足够的活动范围。星期天因为父母在为自己的事情忙碌没时间陪他们去玩，他们除了对着电视或网络来打发自己的时间就别无他事，长久下去使他们缺乏与亲人之间的沟通和交流。因此，环境的影响埋没他们的爱心和同情心。

★★★父母过分的溺爱。现在大多数家庭都是独生子女，因此，父母过分的溺爱和包容，无私地为他们打理好生活中一切事情。这样不仅剥夺了让他们回报爱的机会还会使他们觉得自己应该接受别人的关爱，所以，他们为所欲为，不知道体贴和关爱他人。

小案例

李小飞和李慧茹曾是某中学的同班同学，他们两个的成绩在班上都是名列前茅，性格活泼开朗的李慧茹是班中的班长。在高一、高二时她都是寒窗基金的获得者，家境贫寒的她如此才得以保证在校学习的机会。然而，高三那年她的父亲因病去世了，而她家里的所有钱几乎都给父亲治病了，其母亲的收入也不高，家里还有个小妹妹在读小学，因此，她的生活十分困难。虽然李慧茹的高考成绩在班级名列前茅，但是，家中已经没多余的钱供她读书了。李慧茹家境困难的事情很快就在班里传开了，身为学习委员的李小飞第一个站出来，组织班级同学为她凑了 1800 元的学费。后来，李小飞的爸爸知道了此事，非常支持儿子的行为，他积极联系一些企业单位为李慧茹捐款，总共筹得1多万元，为李慧茹支付了两年的学费。李慧茹在众多人们的爱心和支持下，才得以继续在学校深造。

爱心是一个人发自内心的真实感受,也是一种纯洁、不需要任何回报的善举。其实,爱心不只是捐款、捐物,它主要是拥有一颗助人为乐的博爱之心,它不是用金钱或物质来衡量的。因此,青少年的爱心不能靠强行灌输培养,更不是用没有理智的溺爱换来的。这种行为是他们通过自然而然的模仿逐渐形成的,就像"随风潜入夜,润物细无声"那样从外到内的发展过程,需要父母和教师的直接爱心才能播种出来的。

如何培养你的爱心

青少年如果拥有爱心将会受益一生，因为，在这个世界一个充满爱心的人会得到更多的快乐和自信。所以，青少年要想做一个富有爱心的人，那就从以下几点入手：

★★★强化自身的友好行为。如果青少年在日常中帮助别人或者给贫困生捐款，父母或老师一旦知道，要及时地给予他们鼓励，久而久之，青少年就会形成尊老爱幼、相互帮助并富有爱心的友好行为。

★★★多接触大自然。青少年要多与大自然中的花草、植物和动物接触，这样可以锻炼自己爱心迁移的能力。学会爱护大自然中的一草一木，你会觉得世界上的爱心无处不在。

★★★学会关心他人。在日常生活中，青少年要学会帮助和关心身边的每一个人，当你的同学生病了，你可以去看望他并给予他安慰，必要时还可以为他提供一些力所能及的物质或精神上的帮助。

★★★多参加一些有益的爱心公众活动。学校或社会上有很多献爱心的公益活动，青少年可以有意识地参加一些。比如捐款活动，为那些贫困的人，献上一份属于自己的爱心，这样，爱就会融入到你的生活当中。

5. 注重自己的仪表

如果一个人有一个好的仪表，是否会增加别人对他的喜爱和友好呢？事实证明，如果其他方面都相同，人们更喜爱漂亮、英俊的人。仪表对初次交往的人来说，是一个重要的因素，这叫做第一印象或首要效应。正如人们在买商品之前，首先看到的是包装。这种由表及里的认识程序不一定完全是对的，但这确实是我们生活中的事实。为了事业，为了幸福，为了博得别人的第一印象，请注意自己的仪表美。青少年也应该注重自己的仪表。

一起来拥抱青春阳光般的洁净

仪容仪表是反映一个人精神风貌的首要因素。

青少年朋友一定要注意仪表美。修饰打扮应以清雅素淡、大方自然、洒脱活泼为主，要显出青春的朝气和魅力。同时更要适合自己的身份，提倡简朴，注意经济耐用，老舍先生曾经说过："真正美丽的人不多施脂粉，不乱穿衣的"。还要结合自身条件，扬长避短，要整洁宽松，有利于健康，要注意场合，不标新立异。

在一些大众的、高雅的场合仪表显得更为更要，青少年也应了解一些。

★仪容

在初次见面时，一个人的仪容会首先引起交往对象的特别关注，并可能成为深深的烙印。在人际交往中，存在一些刻板印象，尽管它很容易让人形成偏见，但人们仍然深受其影响，比如相貌好看的人内心善良，相貌丑陋的人内心险恶等等。既然如此，何不稍稍修饰一下呢？

◇头发张扬个性

在生活中，只要看一下某个人的头发就可以对他有一个大致的判断，一个长发飘飘的女性可能是一个内心细腻的人，一个男性的头发过肩一定是一个比较另类的人，一个满头"雪花"的人可能比较邋遢……不管一个人头发如何修饰，必须注意一些礼仪规范。

　　△保持头发干净整齐。

　　△长短适宜。

　　△发型考虑个人条件。一个人的发型要与他的发质、脸型、身高、胖瘦、年龄、着装、职业、身份等因素相结合。

　　◇脸面是最吸引眼球的地方

　　脸面中最引人注目的是眼睛，依次是鼻子和嘴。

　　眼睛无论大小，一定要干净、有神，尤其是眼部的分泌物要及时清除。

　　嘴的修饰要做到牙齿清洁、口腔无异味。

　　◇手的修饰

　　手在肢体语言的表达方面起着举足轻重的作用。初次见面的人，最先接触的部位就是手。

　　△勤洗手。一定要经常洗手，保持手的清洁。

　　△莫留太长指甲。

　　★着装

　　从着装可以看出一个人的自身修养、个性特点等，掌握必要的着装技巧能让人光彩夺目。

　　男士在比较重要的正式场合穿西装，袜子跟皮鞋的最佳搭配是一个颜色，或接近的颜色。在很多国家深色西装是正装，黑色皮鞋是基本要求，中间夹双白袜子被他们称为"驴蹄子"，反差太大，除非是白皮鞋，一般不穿白色的袜子。另外，西装袖子上的商标一定要拆掉。买来的西装都会有一个比较醒目的商标，那是西装的封条。

穿西装要打领带，如果不打领带，衬衫最上面的扣子不要扣住。穿单排扣西装上衣，两粒钮扣的要系上面一粒，三粒钮扣要系中间一粒或上面两粒。

此外，男士的腰部最好不挂任何东西，比如钥匙、手机等。

相对于偏于稳重单调的男士着装，女士们的着装则亮丽丰富得多，可根据自己的爱好、场合来选择。

★外貌

在第一印象的形成过程中，非言语交流先于言语交流，诸如面貌、衣着、姿势等外在的东西，最先引起感官的注意。对于素昧平生的人，第一次接触是人际交往的起点，如何在四目相对的一瞬间增加自己的影响力？

◇自信的人最美

在所有的个人品质中，最具感染力的部分是自信。"自信是成功的第一秘诀！"无论一个人的外表修饰多么好，都不能掩蔽内在的空虚。自信就是对自我价值的肯定。

小泽征尔是世界著名的交响乐指挥家。在一次世界优秀指挥家大赛的决赛中，他按照评委会给的乐谱指挥演奏，敏锐地发现了不和谐的声音。起初，他以为是乐队演奏出了错误，就停下来重新演奏，但还是不对。他觉得是乐谱有问题。这时，在场的作曲家和评委会的权威人士坚持说乐谱绝对没有问题，是他错了。面对一大批音乐大师和权威人士，他思考再三，最后斩钉截铁地大声说："不！一定是乐谱错了！"话音刚落，评委席上的评委们立即站起来，报以热烈的掌声，祝贺他大赛夺魁。原来，这是评委们精心设计的"圈套"，以此来检验指挥家在发现乐谱错误并遭到权威人士"否定"的情况下，能否坚持自己的正确主张。前两位参加决赛的指挥家虽然也发现了错误，但终因随声附和权威们的意见而被淘汰。小泽征尔却因充满自信而摘取了世界指挥家大赛的桂冠。

◇笑脸的影响力

在人际交往的过程中，笑脸是最受欢迎的，也是最容易让人记住的表情，有些交际高手就是凭着一张笑脸，扩大自己的影响，确定自己在交际网络中的主动地位。比尔·盖茨的笑脸和蒙娜莉莎的笑脸一样是值得我们去研究的。无论什么时候，面对微软将被"一分为二"的时候，是面对美国在线时代华纳和雅虎逼迫的时候，还是面对 liunx 等众多新秀要重新瓜分市场的时候，比尔·盖茨都是那样一副笑脸，是自信，是对对手施加精神压力的武器，也是微软的一块金字招牌。谁会讨厌一张笑脸呢？

在所有的表情中，人们最喜欢的肯定是笑，没有一个人喜欢愁眉苦脸。

◇你的姿势在泄密

肢体语言虽然没有声音，但它却产生巨大的暗示作用。有不少人在谈话中常常伴有细微的或者习惯性的肢体语言，比如：用手指挖鼻孔，脚不停地抖动，嚼口香糖，姿势夸张等等，在不经意中拉大了彼此的心理距离。

当一个人一边与你谈话，一边东张西望，心不在焉，即使你兴致勃勃也一定没什么心思再谈下去了。恰当运用肢体语言可以增加自己的影响力，不少交际高手很少只用一种语言跟人沟通，往往借助丰富的肢体语言。

★佩饰

佩带精巧的饰物能彰显个人风采。佩饰是一种无声的语言，从某个人所戴佩饰中，可以看出他的地位、身份、知识阅历、个性特点等等。一个人如果把戒指戴在小指上，就会让那些想追求他的人望而却步，敬而远之，因为那是终生独身的标志，谁会去自讨没趣？所以，一定注意佩饰礼仪。

作为男士，领带是最普遍的佩饰。领带是西装的灵魂，也是西装的眼睛，法国大作家巴尔扎克称戴领带为男人的"介绍信"，那么，应该如何选择领带呢？

首先，把领带和其余的服饰搭配在一起。做到这一点最简单的办法就是从全套服装中挑选一种颜色，用这个颜色的领带与之搭配。

第二，选择与你的个性相吻合的领带。

第三，购买天然纤维制成的领带，比如丝织领带就可以毫不费力的打出最漂亮的结。

第四，西装翻领越宽，领带也应越宽；反之亦然。

最后，请留意领带的长度是否合适。

领带的常见搭配有：

◇黑色西服，采用银灰色、蓝色或红白相间的斜条领带，显得庄重大方，沉着稳健；

◇暗蓝色西服，采用蓝色、深玫瑰色、橙黄色、褐色领带，显得纯朴大方，素静高稚；

◇乳白色西服，采用红色或褐色的领带，显得十分文雅，光彩夺目；

◇中灰色西服，配系砖红色、绿色、黄色调的领带，另有一番情趣；

◇米色西服，采用海蓝色、褐色领带，更显风采动人，风度翩翩。

女性的佩饰比较多，巧妙地佩戴饰品能够起到画龙点睛的作用，给女士们增添色彩。但是佩戴的饰品不宜过多，否则会分散对方的注意力。佩戴饰品时，应尽量选择同一色系。佩戴首饰最关键的就是要与你的整体服饰搭配统一起来。

★握手

在人际交往中，身体接触是最敏感的，也是最容易给人留下深刻印象的。手是人体最敏感的部位之一，而握手是初次见面时，交往双方距离最近的一次身体接触。这次亲密接触会给双方留下最初的印象，因为身体的接触给双方的感觉是实实在在的，跟陌生人第一次握手，你的诚意与信心很容易让对方感受到，如果你虚伪应付，对方也能从你的手心瞬间察觉出来。所以，在初次接触时，一定要懂得握手的基本礼仪。

首先，握手是双方自愿行为，不能强求。其次，跟年长者或女士握手，对方如果没有伸出手，自己千万别先伸手。第三，右手大拇指朝上，虎口张开，以便于与对方的手相握。第四，握手的力量宜轻，不要让对方感觉你在用力。第五，握手的动作不可做太久，停留 2 秒钟左右即可。

仪容仪表所展现的不仅仅是眼睛可以看到的外貌，更重要的是精神风貌。我们敬爱的周总理在南开学校读书的时候，曾在衣镜上方挂着一幅仪表格言："面必净、发必理、衣必整、钮必扣、头容正、肩容平、胸容宽、背容直、气象勿傲勿怠、颜色宜和宜静宜庄"。周总理给我们展现的就是干练、庄重而又富有生机的精神风貌。

青少正处于阳光灿烂的时期，不论从任何一方面来说，我们都应该是如阳光般干练、洁净的！

6. 感恩是做人的基本素质

感恩是一种处世哲学，它是积极向上的思考和谦卑的态度，是一个人发自内心的行为。当一个人懂得感恩时，那么，他就会将感恩化为一种充满爱的行动，在生活中就会通过自己的实践来实现它。一颗感恩的心就是一个和平的种子，青少年要懂得感恩首先要学会知恩，要知道父母的养育之恩、师长的教导之恩、朋友的帮助之恩以及社会的关怀之恩，要明白在自己极度困难需要帮助时，是他们的无私奉献给了自己前进的动力。

然而，在生活中感恩不是简单的报恩。它是一种责任、自立、自尊和追求一种灿烂人生的精神境界！学会感恩，就会懂得做事要尊重他人，发现自我价值的存在；懂得感恩，就会少一份歧视，才能以平等的眼光看待我们身边的每一个人。尊重每一份平凡普通的劳动，同时，也更加尊重自己。

从青少年成长的角度来看，心理学家们普遍认为，心的改变态度就会随着改变。对事态度改变了，习惯也就跟着改变；习惯一旦改变了，性格也跟着改变；性格的改变后，人生也就自然而然地跟着改变，愿感恩的心能改变青少年处世态度。从而，将一切都变了良好的习惯，进而使自己的人生得到升华。

感恩是一切道德的根源。感恩之心不是用说教就可以教育、培养起来的，作为青少年要从一点一滴的小事做起，对大自然要常怀感恩之心，人类的生存离不开自然的奉献。很多父母都已经习惯了只讲付出，不求回报的思想，这种所谓爱孩子的方式只会误导青少年，影响他们的健康成长与发展。世界上任何爱都不是理所当然的，每个人都应该怀着一颗感恩的心去看待问题，这样才会快乐、才会进步。懂得感恩，学会感恩，他们的一生才会生活得更美好、更幸福。

有感恩之心的青少年必定是一个心胸豁达的孩子。风来了，他会感谢风吹走了落叶；雨来了，他会感谢雨滋养了大地。经受挫折时，他会感谢心智发育正走向成熟。感恩能使孩子的内心变得纯洁、明净、丰富而又宽敞，每一轮崭新的日出都能赢得一个全新的自我。所以，青少年要拥有一颗感恩的心，学会感恩、报恩。

小案例

一天晚上，初中二年级的学生王聪突然对为自己辅导功课的大三学生李辉说："李老师，明天我想请你帮我开家长会。"

李辉惊讶地问："你爸爸妈妈呢？"

王聪说："爸爸妈妈都是初中毕业，显得特别没文化，同学见了会嘲笑我的!"，"你替我开家长会的话，一次我给你算两个小时，价钱按我爸妈给你开的家教费用算。"

李辉认为不妥就悄悄把王聪的想法告诉了他的父母，夫妻俩非常生气："我们辛辛苦苦挣钱养活他，怎么还嫌给他丢脸呢？"

李辉一再劝说王聪："还是让你的父母去开家长会吧。"

王聪却说："你不去就算了，我再找其他的人。"

现在的社会缺少感恩意识，虽然只有一部分这样的人,然而带来的影响却不能低估,没有感恩之心的人最终会导致个人品质的自私自利、人情的淡漠,甚至导致社会道德的败坏。一个人对别人施恩总被认为另有所图,或者被认为是理所当然。老师被认为是为了饭碗而教学生,所以,青少年认为不必感恩;父母被认为是为了养老而养育子女,所以,也没不必感恩……商品社会使人与人之间变得冷漠,缺乏关爱和沟通。

"谁言寸草心，报得三春晖"说的是感恩。很多父母都发现，自己"捧在手里怕掉了、含在嘴里怕化了"的孩子对自己的辛苦付出没有回报,青少年既不知道为什么要感恩,也不知道如何感恩。其主要原因在于忽略了对青少年的感恩意识的培养,青少年们总认为这所有的一切都是自己应该享受的,根本就不需要"感恩",这一点值得父母们深思。

★★★青少年如何学会感恩

感恩是懂得珍惜每一份爱，因此要让青少年通过思想或行动，主动地表达出自己的感恩之情，同时也要好好珍惜上天赐给的一切。如果人经常心存感恩，人生就会过得快乐无比，到处充满芬芳。那么，青少年如何学会感恩呢？

★★★感恩父母

"感恩"之心，就是对世间所有人和事物给予自己的帮助表示感激，铭记在心；"感恩"之心，是我们每个人生活中不可或缺的阳光雨露，一刻也不能少。无论你是何等尊贵，或看似怎样卑微；无论你生活在何时何处，或是你有着怎样特别的生活经历。只要你胸中常常怀有一颗感恩的心，就必然会不断地涌现出诸如温暖、自信、坚定、善良等这些美好的处世品格。

★★★感恩生活环境

每个人都生活在大自然的环境中。这个环境里有花、草、树、阳光、雨水、空气，如果没有这个环境，人类就没有生存的可能。正因为人们拥有了这个环境，才可以自由地呼吸、自由地生活，因此，青少年要感谢上帝给了人类这个美丽的自然环境。要把感恩习惯融入到日常生活中，接受别人的帮助要说谢谢，亲戚送了你礼物，要怀有感激的心接受，不要当作是理所当然。

青少年要学会感恩，学会感激养育他们的父母，感激给予他们各种知识的老师，感激帮助他的同学和朋友，感激生活中一切美好的事物，哪怕是点点滴滴。等将来长大走向社会以后，才会更加感激和怀念那些有恩于自己却不想回报的每一个人，才会自觉地给予别人更多的鼓励和帮助，对别人对生活就会少一分挑剔，多一分欣赏，会对自己的职业有一份由衷的责任感。因为，知道懂得关爱别人并知道感恩的人，才能收获更多的人生幸福，才会舍弃怨天尤人的想法。所以，青少年要常怀感恩之心，生活才能更精彩、更和谐。

第二节　学会做事

1. 想法决定做法

　　如果想法能理智的支配做法，那么，所有的一切因愚蠢想法犯的错误都可以避免。但现在的问题是，想法和做法完全分离了，这叫做明哲保身吧，用想法代替做法的"聪明人"，迟早会因为自作聪明栽跟头。所以，人要踏实，想法和做法都应该从友好和平的角度出发，设个圈套把别人栽进去自己想得益，到最后，只会是自己害自己，踏实的想法也是一笔财富，得到幸福的财富，心灵和平的财富。

　　"法"由心生

　　想法与做法，是相互缠绕、相互影响着的同一因素的内外两面。任何想法都要借助做法才能表达出来，任何做法中也都蕴藏着想法，并且往往当想法有所调整时，做法也必须随即调整，或者反过来，如果做法不随即调整，那么就无法表达想法，这也就意味着做了许多无效劳动。美国著名地磺学家华莱士，在总结其一生成败经验的著作《找油的哲学》中写道："找油的地方就在人的大脑中。"，他提出一个著名的观点：人的大脑里蕴藏着丰富的宝藏，而思维方式，是其中最珍贵的资源。

　　佛说：一切皆由"心"生。心生了"想法"，想法生了"看法"，看法生了"做法"，做法生了"结果"。想法是因，结果是果。面对同样一件事，不同的想法、看法，就会导致不同的结果，我们改变自己的想法和看法，做法就会改变，结果也会改变。

所以，我们每个人都深受自己想法和看法的影响，也就是观念的影响，这些想法和看法就构成了我们的信念，严重影响着我们的做法和表现，影响着我们的人生。健康的想法和看法会带来健康的表现和结果，不健康的想法和看法同样会带来不健康的表现和结果。这就是：种瓜得瓜，种豆得豆。

我们明白了这个道理，在实际学习和生活中，我们要学着使用。当我们面对不顺时，不要怨天尤人，正确的做法是：反求诸己，调整自己的想法和看法，跟着调整做法，就会逐渐顺利起来，这就是"检讨修正"。当我们与别人冲突时，我们不要寄希望于别人的主动改变，而是调整我们自己的想法、看法和做法，对方也会因我们的改变而受到影响，可能也会改变，这就是"间接控制"，通过改变我们的影响途径或影响方式，达到相互改变的目的！

当然，多少个想法跟不上一个做法，一个做法却注定要多个想法。譬如说"临渊羡鱼，不如退而结网"，"羡鱼"是想法，"结网"是做法，多少"羡鱼"的想法也不如赶紧"结网"来的实在。然而，结什么样的网，是小网还是大网，是线网还是丝网……却实在需要多个想法来确定。思路要是不对，再有智慧也是徒劳，这时候他脑筋转得越快，往往也死得越早，而好的思维，会使人生旅途充满亮光。每一种好的思维方式，都是生命历程上一盏明亮的灯，指引你正确地走向成功的彼岸。

《穷爸爸，富爸爸》这本书想必大家都看过吧，看过后的那种心情，不汹涌澎湃，也难以忘怀。因为它总结了人生的真谛，说出了大家想要说的话。渴求什么，脑子里就有什么样的想法，有了这种想法，

125

就决定了你的做法，既而也就成就了你的梦想，踏上了成功的道路。

富爸爸说："你的想法决定你的做法，也决定你的贫富！"正如富爸爸所言，富人和穷人之间的一个重要区别就是，富人很少说我买不起。他在学校就懂得了"言即肉身"的道理，也就是词语和人结为一体，成为现实存在的道理。他接着说："穷人使用贫穷的词语，贫穷的词语产生穷人。词语将成为你不可分割的一部分。"

很多年轻人曾经问过富爸爸，是不是任何人都可以致富？富爸爸回答说："是的，致富并不是很艰难的事情。事实上，致富甚至很容易。问题在于，大多数人采用的方法不对头。好多人辛劳终生，永远生活在他们期望得到的生活水准之下；向自己不了解的领域胡乱投资；为了致富努力工作，而不是努力让自己变成一个富人；做别人都在做的事情，而不是做富人正在做的事情。"

一个人必须或者可以做些什么。尽管思想和计划程序很重要，但是最后还是你的行为决定了自己的命运。正如富爸爸所说的："随便说说并没有多大意义。"

我们的想法、看法和做法都只能是"想法、看法和做法，决不能当作"真理"。聪明的人，做事不顺利时，不断调整自己的"想法、看法和做法"，最终达到成功；愚蠢的人，按自己的"想法、看法和做法"不顺利时，气急败坏，不求改变，一味抱怨别人，顽固不化，不思改变。只能得到失败的命运！

想到要做到

有这样一句话：只有想不到，没有做不到！窃以为：想到太容易，做到太难！前者是想说：想比做更重要，多做少想，想了要做，做了要有结果。

想法，它不是生来就有的，也不是别人给的，而是你自己要的。

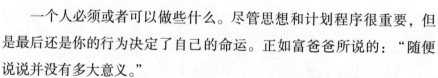

有人说遗传对人的想法和性格有一定的影响，这个暂且放一边不谈。一个人不能有太多的想法，因为一个人的精力和资源都是有限的。我们不能既想成为总统又想成为首富，不能既想当艺术家又想当商人。随着社会的发展，只有专业化才能提升一个人的价值。一个人如果有一个想法并且愿意去切实的执行，那这一定会是一个成功的人。

任何想法要变成现实都离不开大量枯燥乏味的做法。所以，当有了想法的时候，就要有耐心去忍受做时的寂寞，并且要做好做而无果的心理准备。如果缺少后面两点，所有的想法就只能停留在想的层面。当我们想要做一件事的时候，就要心无旁顾，学会舍弃其他的事情，专心把他变成现实的东西。否则就不要去想，去计划。

谈谈行动吧，借口和认真接受其实都是一种行动，不同的行动造成了不同的结果。认真的行动得到的是你可以把握可能成功的结果，它留在你身体里的就是一种成功习惯的积累；而借口的行动给你的就是什么也没有，而它留给你的也是一种习惯，只是这种习惯会让你见了问题就回避，见了困难就逃避。再看看想法与行动之间的关系。

其实，我们大多数人都没有多少行动改变想法的概念，脑海里多的是想法指导行动，少的是行动改变想法。看了一个管理学家的《结果》后，才重新关注行动改变想法的真谛，也深切感受到了行动对想法的作用力（反作用力）。想法永远要依附于行动并来源于行动，然后才可以指导行动，"行动——想法——行动——想法"最后才形成习惯。

想法决定做法，做法决定习惯，习惯决定命运。这真是一条不错的生活体验。什么样的想法就会有什么样的做法，你就过什么样的生活。人类最大的发现是通过控制自己的思想来改变想法和行动，可是我们身边的很多朋友都忘记了这一点、忘记了去思考。

年龄越小，人的想法越大，年龄越大梦想也就变得越来越小。7岁的小孩子你问他长大以后想做什么，他也许会这样回答：我长大了要造一个宇宙飞船，到天上去玩。等他长到14岁时再问同样的问题，他会告诉你说：我长大了要当一个科学家。再过上十来年，面对同样的问题，也许就不是那样了，他想能找到一份工作就不错了。等他到了三四十岁的时候，也许想的是：怎么能挣几个钱养家糊口就阿弥陀佛了。到了退休以后，也许认为拿到养老金有饭吃，有钱看医生就好了。

伟大的成功学家拿破仑·希尔曾语重心长地告诫那些渴望成就一番事业的人们："世界上所有的计划、目标和成就，都是经过思考后的产物。你的思考能力，是你唯一能完全控制的东西，你可以用智慧或愚蠢的方式运用你的思想，但无论你如何运用它，它都会显示出一定的力量。"

想到的应包含想达到的目的以及实现其目的的方法和过程，你确定了一个目标同时也想到了正确的方法和实施的过程，你的目的就一定能实现，也就是想到的就一定能做到。人的一生，有多少好事失去了机会还可以重来。所以，好的点子、好的想法，想到就应该去做，因为世界没有治慢半拍的后悔药。想到就要做到，一个人的思想是一块富饶的土地，你可以让它变成收获硕果的良田，也可以任它成为杂草丛生的荒田——全看你是否在进行有计划的辛勤耕耘。

2. 选择喜欢的工作

有很多青少年刚走入社会，走向工作岗位，就对工作没有什么激情，甚至情绪低落，内心压抑，这连自己都莫名其妙。因为本身很年轻并不存在体力不支和家庭责任的问题。但也许有一点你是否想到这就是，你是否在做自己喜爱的工作？

如果你是在做自己不喜爱的工作，那么你应快想些办法改变现状，考虑一下原因是出在自己身上还是工作本身。如果是自己状态不佳，那就尽快调整；如果是现在从事的工作根本就提不起你工作的欲望，那么你最好换个工作试试。除非是做自己喜爱的工作，否则你永远无法成功。许多成功的人，在了解自己想做什么之前，都曾尝试过好几种工作。做自己喜欢的工作能更多地挖掘自己的潜能和更大发挥自己的才能。

快乐比金钱更重要

很多人常常因为经济考虑或是家人与社会的期望，而没有选择喜欢的工作。长期下来的内心压抑，就会闷出情绪问题。现代人要学会与自己相处，倾听心里的声音，不能总担心别人期望你怎么做。有些病友经历过重大的事件，例如压力过大、胃溃疡出血，或是挚爱的人突然过世，感到生命无常，而对生命有新的体悟。他们换了自己想做的工作之后，忧郁症也不药而愈。但与其经历悲惨遭遇才决心改变，不如及早做自己喜欢的事，才能真正活得轻松愉快。

小艳是一家公司的高级职员，不久前刚刚换了一份新工作，薪水比以前降了不少，但小艳这次的跳槽目的很明确，不是为更高的薪水，而是为了更好地生活，更多的快乐。

小艳10年前从学校毕业南下以后，几乎天天都让自己处于紧张的工作状态中。为了早日买房买车，每天为了生存压力拼命工作，几乎没有休息时间。后来，梦想终于实现了，票子有了，房子有了，车子有了。她却突然生病了，很难得地在床上悠闲地躺了一天，什么事也不用想，什么工作也可以不顾，那种感觉让她觉得惬意极了，于是她忽然明白，闲适和舒服才是真正的生活。她自己住在美丽的花城，工作在风景秀丽的珠江边，可是这几年来，因为工作太忙碌，从来没有认真欣赏过身边醉人的美景，几乎成了一台工作的机器，每天紧紧张张，就是为了换得每月发薪时那一迭票子，但这种生活，价值到底有多大呢？于是，换工作的念头油然而生。而现在，她终于如愿以偿，换了一份轻松的、自己喜欢的工作，每天有足够的时间给自己安排，想干什么就干什么，简简单单地过日子，真真切切地感受生活。

的确，快乐比金钱更重要。当你被忙碌包围的时候，当你被金钱左右的时候，当你拿着高薪做着一份自己不喜欢的工作的时候，有没有想过，换一种方式，重新选择一个自己喜欢的工作，开始过简单快乐的生活呢？

做自己喜欢的事，就是幸福

随着社会体制的变革，越来越多的人成为自主选择职业乃至生活方式的"漂一族"，他们之所以做出如此选择，原因只有一个，他们喜欢。在计划经济时代，一份工作可能从二十几岁一直干到退休，不管这份工作你是否喜欢。人们习惯了服从"上面"的安排，而忘记了自己也有选择的权利。或许，"漂一族"不曾被他们那习惯了计划经济的长辈所认可，但正是这种"不被认可"的生活，在"漂一族"眼中却是幸福的。

一个没有名气的自由画家，他原来一直是一所高校的美术老师。但他不喜欢教学，就辞了学院的工作，当起了自由画家，开始了朝不保夕的日子。别人替他惋惜，他却满不在乎。"为赚钱而工作，那是上一代人的选择。为兴趣而工作，才能更大限度地发挥人的潜能，才能做得更精彩，也会过的更开心更快乐，这样岂不更好？"当他过到山穷水尽时，就临摹名家的画儿去大街上卖。他的日子过得很简单，很苦，但他的精神却是充实的，心里是快乐的，因为他选择了自己喜欢的工作。

一位姓张的园艺师，他在成为园艺师前是软件工程师。他听从父母之命选择了计算机专业，而且在软件行业中做得不赖，但自己感到心力交瘁。他喜欢大自然，喜欢园艺。卖了两套自己设计的专业软件后，他在市郊买下十多亩地建了一个苗圃，自己从修剪花草开始，过起了自己喜欢的园艺师生活。

在就业模式和择业观念不再是单一呆板的今天，越来越多的人选择了自己喜欢的工作，至少已经开始学会宽容这样的生活方式。不知是谁说过，如果一个人一生中，能够一直从事自己喜欢的工作，而且这份工作还能养活他，那才是真正的幸福！

3. 主动出击，不要等待

现实生活中不难发现，很多的青少年脑子里有各种理想和梦想，一说起来就是天花乱坠，心潮澎湃，但却一样也没能成为现实。原因何在？其实并不是不愿去实现，而是生活中总是有太多的繁事琐事，这些都使梦想的实现一次次被推迟，人们总是在想："明天再做吧。"然而，明日复明日，明日何其多？这一推往往就与梦想失之交臂了。

其实有时候所谓的"没时间"只不过是一种借口，关键还是要看你是否愿意为之付诸行动，要知道行动远比静止有意义，坐着不动永远都不会有机会。所以，不管周围的环境是怎样的，只要心中还有信念，就要排除一切去做自己想做的，哪怕每天只是向梦想迈出一小步。当然，梦想不在于这么一小步，但梦想却又离不开这么一小步，它所代表的是你为梦想所付出的行动，有行动就有希望。如果一个人只会高谈阔论而从不付诸行动，那他和纸上谈兵的"赵括"又有什么区别呢？

生命不能等待，不要让梦想落空

一个老人回顾了自己忙碌的一生：他在学生时代曾有一个梦想，那就是走遍全世界，像徐霞客那样踏遍山水，做个像马可·波罗那样的旅行家和冒险家，去感受一下大海一望无际的壮阔，体会一下沙漠高低起伏的雄浑，探索落日下尼罗河畔金字塔的奥秘，追寻云雾中喜马拉雅之巅的神圣。但是那时，他觉得自己还不具备实现这个梦想的条件，比如缺少金钱、没有时间、体质不够健壮、知识不够广阔等等。于是，这个梦想就一再地被搁浅。大学毕业后，他又要急于找工作来养活自己，等工作走上了轨道后，他恋爱了，两年之后又自然而然的结婚了。结婚就代表着自己要对妻子负责，对孩子负责，承担家中的大小事务。于是，他拼命地挣钱养家，养老婆孩子。他想，等孩子再大一些吧，等到自己事业更上一层楼时，就可以在金钱的基础上，抽出时间来去实现自己的梦想。

就这样，日复一日，月复一月，年复一年。这个学生时代就热衷于追求心中的梦想的年轻人如今成了一位白发苍苍的老人，但他还是被各种各样的琐事困扰，于是梦想逐渐变得更加遥不可及。即使这个时候他可以放下一切，但他的身体已经不容许他去走南闯北了。最终，他为自己的梦想打了折扣，决定放下一切，带着老伴去欧洲旅游，也算是了了一桩心愿。

其实，在这个世界上，像这位老者一样的人实在是数不胜数，他们总在想着等到有钱了再做吧，等到时间充裕了再做吧，等到心情好了再说吧，等到……结果他们的一生都浪费在了无谓的等待上，生活再也没有走出过精彩来。虽然他们的心中一直都有梦想，但却从未对

132

梦想做过些什么，空有一腔的热情又有什么用呢？估计这个世界上向往成为马可·波罗的人大有人在，但真正像他这样的旅行家、冒险者还真少有，因为大多数人都没有马可·波罗那样拿根棍子拿只碗，一路要饭也要去实现自己的梦想的决心与勇气。

青少年们要以此为借鉴，不要总想着当拥有一切时再去做，凡事有得必有失，这是亘古不变的道理，也许你拥有了这个，就失去了那个，永远也无法达到共有。况且，无尽的等待或多或少地都会消磨掉心中对梦想的那份热忱与激情。因此，青少年们如果心中有梦想，就要马上付出行动，一刻也不要等待，逐步行进，要知道每走一步就离成功更近一步。

有了梦想就去大胆地做

刘翔在中国可谓家喻户晓，他在田径赛场上取得的成绩不仅让中国人赚足了面子，也给整个亚洲赢回了不少喝彩。2004 年在雅典奥运会上，他一举夺得男子 110 米栏金牌，以 12.91 秒的成绩打破了英国人科林·杰克逊 1993 年在斯图加特创造的世界记录，全世界的人都被这个 20 岁的中国小伙子震惊了，一时间刘翔的身价倍增，成为中外商家的宠儿。刘翔能够取得如此瞩目的成绩，并不是偶然，也不是运气，这与他的努力是分不开的。

年少时的刘翔就对奥运健儿们有着一种特殊的好感与热情，梦想着自己有一天也能够成为其中的一员，不过刘翔并没有将自己的梦想藏在心中，而是把它化成了力量与行动。当然，在各项条件都还不成熟时，他所能做的并不多，他只是一心想把自己的身体锻炼好，这是一个运动员的基本，没有强健的体魄，要想进奥运为国争光便将成为无稽之谈。刘翔当然明白这个道理，于是他坚持做好每一项锻炼，就像他自己所说的，他的成功只是他为了梦想按部就班，做好应做的事，通过自己不断的努力得来的。最终，皇天不负有心人，刘翔的梦想在行动与艰辛中实现了，这个黄皮肤、黑头发的中国人创造了让全中国人，甚至是全世界人民震惊的成绩，为国家赢得了一份光辉与荣耀。

刘翔用事实告诉人们，实现梦想的关键是能否果断地采取行动，行动才是最强大的力量。如果说理想是成功的蓝图，那么行动就是成功的基石。倘若只是空有一腔报国热情，却总是坐等机会，那么成功永远也不会来光顾你！

斯宾塞说过一句话："我们必须记住学习的时间是有限的，不只是由于人生短促，更由于人事纷繁，我们应该力求把所有的时间用去做最有益的事情。"对于现在的青少年来说，更应该为自己的理想付诸行动，即使最终的结果不那么成功，不那么尽如人意，但至少自己努力了，至少做到了问心无愧。生命有限，人生苦短，只要心中有梦想，就要用心去做，不要让自己的人生留下遗憾。

有很多人带着梦想活了一辈子，却从来没有认真地去尝试实现梦想，而且对于做不成的事情或者还没有做的事情，总是找一个理由或借口来为自己开脱，很少有人把原因归结到自己身上，然后继续过平庸的日子，让梦想躺在身体里的某个角落呼呼大睡。如此态度，机会怎么可能会不招自来呢？更何况现在社会竞争是那么的激烈，对于新时代的青少年来说，不仅要有远大的理想，还要有付诸于行动的勇气，把握每一次机遇，最终走向成功。

4. 敢做第一个吃螃蟹的人

现实生活中，人们总习惯去走别人走过的路，少数服从多数的理念让我们偏执地认为大多数人走过的路是不会错，这也是为什么成功者比失败者少之又少的原因。追风、跟随、随大流，传统的想法只会冻结人的思维，阻碍前进的脚步。

成功人士的经验告诉我们：想不寻常的问题，走不寻常的路，凡事快人一步，是获得成功的保证。所以，青少年们要想为成功扬帆起航，就要多留心生活，善于观察，勤于思考，敢于创新，才能抓住机遇。对于渴望成功的青少年来说"敢走别人没走过的路"的精神是非常可贵的，成功的人都是第一个吃螃蟹的人，他们总是先例的破坏者。而正是敢尝试别人没尝试过的东西，才成就了自己辉煌的人生。

敢走别人没走过的路

有一个糖果商，虽然拥有自己的糖果厂和经销部，但由于规模太小，加上各大厂商的竞争激烈，生意很是萧条，如果不改变现状，工厂将面临倒闭。糖果商每夜不能寐，但还是想不出有效的办法。一天，他实在是想不出好办法，就一个人到街上转，看到不远处一群孩子在玩游戏，就走过去在旁边观看，马上就被吸引住了。

孩子们在做一个"幸运糖"的游戏，规则是：把一些糖果平均放在几个口袋里，由一个人把一颗大家选出来的"幸运糖"随意的放进其中一个口袋里，然后所有人再随意选一个口袋，从中拿出一颗糖果，如果谁有幸拿到"幸运糖"，他就能享受特权，即他就是皇帝，其他人都是臣民，每人要上供一颗糖给他……看完这个游戏，他的脑子灵光一闪，想出一个好办法。

在当时，每颗糖果的价钱只要 1 分钱，糖果商把自己的糖果改名为"幸运"，并在糖果包里包上 1 分钱作为"幸运品"，谁如果有幸买到装有钱币的糖果后，就可以免费得到里面的钱，而在其他的糖果包里放上众多可爱的小动物形象作为奖励。随后，糖果商开始不惜一切血本的做广告，大量投入生产，并在报纸、电台打出口号："打开，它就是你的!"把"幸运"糖描说成是一种能给人带来幸运、带来惊喜的物品。果然,由于方法奇特新颖,又抓住孩子们的心理,他的糖果一时闻名全国,销量也迅速涨了几百倍。就在"幸运"糖果走红时,其他的一些糖果商也都纷纷模仿,虽销量也有所提高,但都无法与之相比,很快的,"幸运"糖果就为他带来了巨大的财富,成为糖果业第一个吃螃蟹的人。

每个人的道路虽不尽相同,但人人都想成功,虽然有的人成为科学家,有人成为百万富翁,但多数人则是平平淡淡走了坎坷一生,甚至一事无成,为何有如此大的差别?或许你会说,那些科学家、发明家是天才,遇到好机遇,但你可曾发现所有的成功人无不是善辟蹊径、敢于创新的人,他们懂得运用自己的思维,走别人没走过的路,做别人没做过的事。他们知道,如果不能领先他人,而是一味地去跟随别人的脚步,那么就永远只有做"第二个吃螃蟹的人"。

鲁迅先生曾称赞:"第一次吃螃蟹的人是很可佩服的,不是勇士谁敢去吃它呢?"随着信息时代的到来,当今社会的竞争也越来越激烈,善辟蹊径、思维创新已成为引领时尚,引领潮流,引领各行各业发展的力量。如初升太阳的青少年,自己的人生路刚刚起步,拥有创新的头脑,有敢于冒险的勇气,是改变命运,让自己与众不同所必备的根本条件。你或许没有显赫的门庭,也没有聪明的大脑,只是众多人中一个普遍平凡的人,但创新并不需要天才,只要你有独到的眼光,去观察去发现,找到其他人所没有看到的;只要你敢想敢做,抓住脑中灵光的一闪,抓住难得的机遇,敢做第一个螃蟹的人,你就已经成功了一半。

成功就要比别人快一步

人人都坐过公交车,当然青少年也不例外。当公交车停下来时,

136

所有人都会争先恐后的往车门挤，因为你只有比别人都快一步，才能第一个上车，才能抢到最理想、最舒服的位置。同样的道理，人生不管做什么事，都要有抢先一步的意识，所谓快一步海阔天空，慢一步处处被动，谁抢占了先机，谁就掌握了主动权。我们常会说，机会只会垂青有准备的人，而快一步的目的就是为了让自己能够比别人早一点做好准备，等到机会来临的时候，能抓住机遇，获得成功。

拿破仑曾说："我的军队之所以打胜仗，就是因为比敌人早到5分钟。"的确，比赛中的冠军只是比别的选手提前一步到达终点而已，而这提前一步的结局却有着天壤之别。

比别人快一步，看似简单但做起来并不容易。人们对于习以为常的事总是习惯遵循传统观念的想法，按照常规去做去思考，如果一个人的思维时时受到传统思维定势的影响，不敢去改变，还如何做到比他人快一步呢？一个人的不成功并不是因为能力有限，而是缺乏独到的眼光善于抓住一个机会并去发掘开拓，也就是说，比别人快一步的前提就是要有打破常规的创造性思维，敢于不断开拓创新。就如比尔·盖茨，正是想到了计算机会崛起的必然趋势，才退学改行从事计算机行业，领先一步，抢占得先机，才使他走在时代的最前沿，取得巨大成功。

世界首富比尔·盖茨曾说过："让思想永远走在年龄的前面。"的确，对于任何一个人来说，只有创新才会使自己充满活力，只有创新才能使自己不断改进，化劣势为优势。青少年正是学习知识，蓄备能量的重要阶段，一定要有想常人不敢想，做常人不敢做的创新精神，才能紧跟时代的步伐，开启梦想之门。

5. 走向竞争，直向成功

21 世纪是一个充满竞争的时代，无论你生活在何种环境，都离不开竞争。只有竞争，才有发展，竞争是社会发展的催化剂，是人们取得成功的动力。现代社会，凡有人群的地方，无不充满了激烈的竞争，或明争，或暗斗，或强攻，或智取，勇者斗力，智者斗计。作为 21 世纪的青少年，面对改革开放、科技进步和市场经济的大潮，必须培养健康的竞争心理，提升竞争力，这对自身的健康成长是大有好处的。竞争是青少年实现自我完善的一个过程，因为在竞争过程中，青少年需要不断地调节自身的思维、情感和行为方式，发挥自己的潜能。通过竞争，青少年才能认识到自己的力量，自己的不足，才能不断的进取。

竞争是成长的动力

每个人都有争强好胜之心，只有在和别人的相比之下，才能进步得更快。就青少年而言，竞争是实现自我价值而做出的不懈努力，从而使自己的优势得以充分挖掘和发展，将来为祖国贡献更大的力量。竞争让人们满怀希望，朝气蓬勃。这是一种健康的心理。

竞争是实力的展现。拥有丰富的知识，掌握比较多的技能，善于把握时机，敢于展示，才能表现为竞争能力。在社会上庞大的求职大军中，经常会出现这样的情况，在同等学历的毕业生中，或多一个外语能力，或多一个计算机能力，或多一个写作能力，或多一个公关能力等，都会引起用人单位的特殊兴趣，并先行选他来从事某一职业。因此，培养竞争能力的重要前提是提高综合实力，而不仅仅是一种争强好胜的抽象意识。

竞争是人格的考验。竞争的目的是为了使人们在危机感中不断寻找拼搏前进的新的制高点，让每个人的才能得到充分的发挥，从而使人类的精神和物质财富得到空前的丰富。违背这一目的的行为就是不正当的竞争，充其量只能是对社会财富、他人利益掠夺的权术，是人格和道德的堕落。因此我们说，竞争是对人格的考验，所以，在学生进行竞争时，一定要有一个正确的目的。

除此之外，竞争还会给人们带来以下好处：

1. 竞争能激发人的创造精神，它使人体力充沛，思维敏捷，反映灵活，想象丰富；

2. 通常情况下，人只能发挥自身潜能的 20% ~ 30%，而在竞争过程中，人处于紧张的情绪状态，这种情绪有利于个体潜能的发挥；

3. 通过竞争，能够使人们增强信心，从而树立更高的奋斗目标；

4. 竞争中的失败者通过总结经验，调整目标与行动方式，为进一步取胜打好基础。

在竞争面前，青少年朋友对待竞争对手的态度一定要诚恳，不嫉妒、不报复竞争对手，要敞开心胸告诉对手："我想赶过你，和你一样有成就，让我们一起努力吧！"拳王阿里曾说："谁能战胜我，说明拳击事业发展了，这是我终身的追求——发展拳击。"竞争是激活机体的活跃细胞，它带来进步的活力，使胜利者继续前进，失败者急起直追，竞争对强者是鼓励，对弱者是鞭策，其结果是"你我他"的共同发展。

总之，在瞬息万变、纷繁复杂的社会生活中，青少年朋友一定要努力培养自身的竞争能力，保持良好的竞争态度，如此才能应对自如、稳操胜券。

培养正确的竞争观

在当今社会，受各种环境的影响，大部分的青少年都有着较强的竞争心态和成功欲望，但往往由于缺乏正确的竞争观、人生观的理论引导，再加上他们正处于心理发育不够完善的特殊期，对竞争容易产生错误的、片面的理解，认为竞争就是不择手段地战胜敌人，过分看重每次竞争的结果，或不能正视竞争的结果，致使竞争恶性化，从而阻碍了竞争良性的健康的发展，引起心理障碍，损害身体健康，甚至造成事故或产生越轨行为，走上犯罪道路。因此，青少年树立一种正确的竞争观尤其必要。

那么，青少年应该如何培养正确的竞争观呢？

第一，要调整好心态。有的同学在学习上总是一味地担心别人会超过自己，他们总是焦虑地扫描着竞争对手的成绩，一旦发现对手在某一方面超过了自己，心理就会"咯噔"一下，心跳加快，血压升高，久而久之便产生了嫉妒心理。这种不良的竞争心态对青少年的危害是非常大的。所以，青少年一定要对竞争保持一个良好的心态，要敢于接受挑战，积极地参与竞争。

第二，要对自己有一个客观的、恰如其分的评估，努力缩小"理想我"和"现实我"的差距。在制订目标时，既不好高骛远，又不妄自菲薄，要把长远目标与近期目标有机地统一起来，脚踏实地的一步一个脚印地做起，这样才有助于"理想我"的最终实现。

第三，要在艰苦的现实环境中磨炼自己。绝大部分青少年都是有理想、有抱负的，他们对现实的环境和条件普遍表现出不满足，总是想通过自己的努力奋斗来改变现状，但对于到底该怎样改变又显得比较茫然，这就需要在日常的生活当中通过磨炼自己来积累竞争的资本，从小的竞争舞台走向大的竞争舞台。这是对自身的一种磨炼，同时也需要很大的勇气。

第四，要注意培养自己的创造性思维能力。一位未来学家曾预言：

"从某种意义上我们可以说，历史留给人类惟一的任务就是要求每个人都必须从事不同程度的创造性工作，而这一任务的完成，只有创造性地发掘和培养每一个受教育者的创新精神，才有可能。"因此，为了适应未来的竞争，青少年应在平时的学习中要努力开拓自己的创造能力，以便于创造性思维的培养。比如说，积极地参加兴趣小组，阅读课外书籍，创作小论文等。

最后，在竞争中要能审时度势，扬长避短。一个人的需求、兴趣和才能是多方面的，如果在实战中注意挖掘，就有可能带来"柳暗花明又一村"的新局面。这样不仅能增加成功的机会，减少挫折，而且还会打下进一步发展和取胜的好基础。当然，成功了固然可喜，失败了也问心无愧，如果从中悟出了一番道理，或者在竞争中学到了知识，增长了才干，那么这种失败或许更有价值，它很有可能会成为明天成功的起始。

总之，青少年在面对竞争时，应多一份坦然，少一份惊恐；多一份自信，少一份软弱；多一份努力，少一份埋怨。当你斗志昂扬地去接受每一次来自生活或学习的挑战时，你会发现，其实竞争并不是你想象得那么残酷，那么可怕。而且，当你真正地进入到竞争状态时，你会发觉自己突然活得充实起来，因为你会在竞争中找到了自己的人生价值所在，你甚至会找到那种不得不佩服自己的美好感觉。人生不正是因为有了奋斗才变得多姿多彩吗？人不正是因为有了竞争才让自己走得更远了吗？

6. 激发创新精神

青少年是人生的世界观、人生观、价值观形成的关键时期，也是

141

创新精神勃发的时期，如引导不得法，就会扼杀他们的创新精神；反之，创新精神就会滋生并不断发扬光大。

激发青少年的创新精神，培养他们的创造能力，重在关注其"发展价值"，就是要着眼明天、着眼未来，让孩子们勇于和善于创造成功，实现理想。在实际生活中，青少年们能独立、创造性地解决一道难题，克服一个困难，能产生灵感做出有意义的小发明、小制作、小节目等，可能不一定会取得明显的社会效益和经济效益，却锻炼了心智，培养了能力，是甚为宝贵的，我们应该给予支持和鼓励。

激发青少年的创新精神

创新精神是一个国家和民族发展的不竭动力，也是一个现代人应该具备的素质。因此，培养创造能力，激发创新精神，应从青少年抓起。

创新精神，是进行创新活动必须具备的一些心理特征，是一种勇于抛弃旧思想旧事物、创立新思想新事物的精神。它涉及的范围很广，包括创新意识、创新兴趣、创新胆量、创新决心，以及相关的思维活动，属于科学精神和科学思想的范畴。

青少年，作为国家的新一代接班人，要敢于去接触，去挑战新的思想，打破传统的、固有的教育模式，要不满足于已有的认识，不断地去追求新知；不墨守成规，敢于打破原有的条条框框，来探索新的规律、新的方法；不迷信书本、权威，敢于去怀疑，敢于根据事实和自己的思考，创造新的理论和观点；不去任意地模仿别人的想法、说法和做法，不人云亦云、唯书唯上，坚持独立思考，说自己的话，走自己的路；不喜欢一般化，追求新颖、独特、异想天开、与众不同；不僵化、呆板，灵活地应用已有知识和能力解决问题……都是创新精神的具体表现。

但是，所谓的创新，不是追求个性化的生活、个性化的思想，而是在某一个设计上，某个观点上，某个思路上，有自己新的见解和看法。青少年时期，是培养创新思维的最佳阶段，作为21世纪新一代，要学会培养自己的进取心、自信心、好奇心，以及想象力、洞察力、动手能力、信息能力和创造能力。

青少年，只要具有创新能力，就能在未来的发展中不断开辟新的天地。

如何培养青少年的创造能力

现在，越来越多的学校开始重视培养青少年们的科技创新精神，来迎接未来世界新的挑战。创造是人类文明进步的阶梯。人的创造开发到什么程度，社会就前进到什么水平。人类不能没有创造。哪里有创造，哪里就有新的希望。随着社会的发展，创造越来越重要，创造是社会进步的决定因素。创新要从教育抓起，创新要从小做起。

★培养青少年的进取心

进取心，对于一个人来说是极为可贵的。一个人如果没有进取心，那他终生将会碌碌无为；人类如果没有进取心，社会就会永远停留在一个水平上，绝不可能进入有着高度物质文明和精神文明的现代社会。

古往今来的一切发明家之所以能在各个不同的技术领域中独占鳌头，无不因为其具有强烈的进取心。"欲穷千里目，更上一层楼"。一切有志于作出发明创造的青少年，从小就应该注重于培养自身最基本的素质——进取心。

发明家冯如，12岁到美国，先在旧金山做杂役，后到纽约一家机械厂工作。一股强烈的进取心驱使着他如饥似渴地自学中学数、理、化，并钻研有关力学、电学、光学等理论知识。他苦学了10年。在20为出头时，他就设计制造出打桩机、抽水机等机械。还是由于进取

143

心，促使他勇敢地进行了让人飞上天空的大胆尝试。*1906* 年他开始研制飞机，*1910* 年在美国旧金山举行的国际飞行比赛中，冯如驾驶着自己设计制造的飞机以最佳成绩获比赛第一名，为中华民族争得了荣誉。

正是他这种坚持不懈的向新的目标追求的蓬勃向上的心理，为国家争了光。青少年不要满足于现状，剔除掉那些得过且过、墨守成规、抱残守缺的处世观念，要抱有一颗坚持不懈的进取心。

★培养青少年的好奇心

根据心理学家研究，青少年这一阶段，好奇心是极为强烈的。如果他们能好好地利用这一好奇心，将开发出更大的潜力。一个人的好奇心，具有的最大特点就是遇事爱问"为什么"。

心理学家还研究到，好奇心能导致求知欲，能使人走上知识之路，进而发挥出创造能力。因此，在发明活动的整个过程中都应该使自己保持儿童时代的好奇心，对自己未知的东西，不仅要看，而且要看仔细；不仅要听，而且要听真切；不仅要问，而且要问到底。这样，将会有助于个人创造力的发挥。

美国的发明大王托马斯·爱迪生，自幼就爱"打破砂锅问到底"，遇事总爱问很多个"为什么"，从"鸡为什么把蛋放在屁股底下"、"蛋也怕着凉"等问题一直追问到"把蛋放在屁股底下暖和暖和就能孵出鸡娃娃吗"，一直到后来发明了蒸汽机。

3 岁的爱迪生独自一人钻进邻居家的仓库内，焦急的父母直到天黑才找到了他，此时的爱迪生正趴在一堆厚厚的草垫上专心地暖孵着身下的一堆新鲜的鸡蛋。通过亲身体验，年幼的爱迪生最终明白了人是不能孵出小鸡的。

幼年时，爱迪生有一次到邻居塞缪尔·温切斯特的碾坊去玩，看到温切斯特正在用气球做一种飞行装置实验。于是，爱迪生也找来了几种化学药品做实验，他希望人吃了之后，会像气球那样飞上天去。父亲的一个佣工迈克尔·奥茨充当了这个实验倒霉的实验品。可怜的奥茨吃完了爱迪生配置的药水后嘴皮抽搐，几乎昏厥过去。固执的爱迪生却始终坚持奥茨飞不起来是奥茨的失败，并不是自己的错。由于气球事件，附近孩子们的父母不再允许自己的孩子与爱迪生接近，他被视为了危险人物。

爱迪生的每一项发明都是和他的好奇心紧密相连的。在他发明了电报之后，又开始搞电话实验。他发现传话器里的膜板能够随着说话声音引起相应震动，就仔细观察，并且在笔记本上做了详细记录。由此，一个"会说话的机器"做成了。人们听到这个消息，都纷纷前来观看，并称他为"最伟大的发明家"。所以，好奇心是一个人取得成功、展示智慧的先决条件。

没有强烈的好奇心的驱使，爱迪生是不会有此举动的。瓦特也曾对水蒸气顶开壶盖这一平常现象唠唠叨叨的问个没完，后来他创制出当时世界上最先进的蒸汽机。这就是说，好奇心能促使人去发问，反之，爱提问题也是求知欲、好奇心强的表现。有意识地训练自己多提问题必然有助于好奇心的增强。

好奇心是一种对自己还不了解的周围事物能够自觉地集中注意力、想把它弄清楚的心理倾向。一般都是通过"看一看、听一听"引起惊奇感，再通过"问一问"的方式把它的来龙去脉搞清楚。

7. 凡事三思而后行

孔子曰："三思而后行。"笛卡尔说："我思故我在。"古今中外的先哲们都把思考作为生命的一部分，一个人停止了思考，他活着也没有了价值。思考是生命的灵魂，一个人没有了灵魂，只能是行尸走肉。

思考的力量是巨大的，因为思考，巧妇可为无米之炊；因为思考，天堑变通途……方法总比问题多，像学者一样思考，一切问题都会迎刃而解。

凡事三思而后行

人总是在不断成长的。身体的成长，使我们的外貌显得亭亭玉立、英俊潇洒。但是，我们也需要"心灵的成长"、心智的成熟。这就是要我们遇事要冷静，做事要成熟……总结成一句话："凡事三思而后行"。

"三思而后行"，这是一句多么简单而深刻的话呀，它是长者的建议，智者的忠告；它是悟者的提醒，迷者的机会。

对于处于迷茫的青少年来说，学会思考问题是很重要的。因为他们要为自己的人生做准备，而人生又要成功。人人都需要成功，如何到达成功却是仁者见仁，智者见智。作为社会新的成员，青少年需要能够认识到"三思而后行"的重要性，不因一时的冲动而影响到整个人生。

现代社会的信息化、复杂化，让青少年更早地接触到了社会上的一些东西和文化。比较常见的现象就是青少年的"早恋"和对网络的痴迷。有些青少年因"早恋"而误入歧途，有些因"网迷"而走向犯罪的道路。对于刚刚步入人生的花季少男少女而言，那是可怕的生活。

青少年的身心发展尚未成熟，生活阅历少。他们早恋的基础有的仅仅是异性间的相互吸引，这种吸引只是保留在对方好看、顺眼或与自己志趣相投等的基础上。实际上，他们不太懂得爱情的真正含义，并不理解爱情的深层的社会内容以及所要承担的道义与责任，因而他们在早恋中萌生的所谓的爱情，往往只是一种带有浪漫色彩的理想主义的朦胧情感。

但是，一旦产生冲动的想法，好奇心作怪，就会发生一些意想不到的事情。根本的原因就在于缺乏思考。

小超是个很出色的孩子，从小学到中学成绩一直十分优秀，在区和市里组织的各种知识比赛中曾经多次获奖，一度成为父母的骄傲。为了培养其全面发展，父母为他买了一台配置不错的电脑。可是，父母突然发现小超越来越陌生了。虽然同在一个屋檐下，但儿子很少像以前那样与父母在茶前饭后聊天了，每天把饭碗一推，连个招呼都不打就钻进书房，在电脑前一坐就是好几个小时。即使最疼爱他的爷爷奶奶过来，他也只是匆匆打个招呼随即又回到书房去了。眼看儿子日渐淡薄的亲情意识，父母担心了起来，找到医生。医生说，网络已经危害到小超心理健康，使他患上了网迷综合症。网迷综合症在青少年中广为"流传"。

目前社会上，像小超这样的孩子还有很多。因为他们有着强烈的好奇心和探索欲望，又缺乏必要的自控能力，一旦痴迷上网络往往身不由己，欲罢不能。

如果这些花季少年们在做事情的时候，稍微思考一下自己的想法和做法，理智地对待自己的冲动想法，也许就不会出现与上面类似的事件。

每一个青少年都梦想有个成功的人生。成功的人通过望远镜看人生，看到人生多么伟大的境界，而心胸狭隘的人却用显微镜看人生，盯住别人的过失和错误不放。骄傲和嫉恨他人是一种慢性自杀，他们会扼杀你的健康和幸福。

永远健康和幸福是每一个父母寄予孩子的美好愿望，这是要求每一个青少年遇事一定要三思而后行，以一个冷静的大脑和平静的心态去处理事情。

千言万语，也只能化作一句：三思而后行。

三思而后行，青少年受益终身

人们在劝人做事小心时常常说："凡事须三思而后行。"这话甚为人们点头称许，即使被劝的人执意不从，最多也不过说："我自有主张。"很有礼貌地婉拒提醒自己的人，决不会面红耳赤地争辩或怒目相视。为什么？因为这句话表面上看来颇得人心，它含有老练的经验世故和十足的小心，使人对此好意不得不颔首赞许。

可是，这对于一个思想上还未成熟的孩子来说，未必能做到。所以，重要的是要养成思考的习惯。也许你会轻蔑的说："这有何难？我们每天都在不停地思考，所做的每一件事都是'三思而后行的结果'。"如果真是这样，为什么还会因为一句话不和而动手打架？为什么还会有为了玩而逃课的事情发生呢？

古语有云"三思而后行"，意思是说做事情之前一定要经过认真思考，考虑周全以求万无一失。诚然，在做事之前先三思，可以防止因为考虑不周而出错。但同时，"三思而后行"又将多少大好良机白白失去！

有些人做事前没有"三思"，只是图一时之快。正如一幅漫画反映的那样，男孩想要尽快砌好围墙，从而显示自己的技术，忽略了"三思"的过程，以至于在为满意的成果而高兴时，发现没有为自己砌一个出口。

试想，这些人但凡能够多思考一下自己将要做的事情会带来的结果，他们还会犯那样的错误吗？世界上没有卖后悔药的，因此青少年要用心做事，做事前多花一些时间去思考，明确自己的目标与出发点是否正确，轻生的人如果想一想自己的做法将会给亲人带来多大的痛苦，那么他们还会选择轻生吗？

俗话说的好：人无远虑，必有近忧。这就是告诉青少年做事前一定要谨慎，凡事应做到三思而后行。要多想一想行动的方案，多想一想每种行动产生的结果，是利大于弊，还是弊大于利。这个答案也许在人们心中应该已有答案了。

花季少年把他们的那种做事风格叫做"无悔"、"个性"、"张扬"。其实不然，那不就呈现出一个人的成熟气息，"谨于言，慎于行"的古训铭记在心，是很有必要的，让自己的言行和谐于自己的心灵，凡事多想想、不固执、不任性，那才是青少年"无悔"的洒脱。三思而后行，是不会错的。

青少年要学会正确认识自己，努力升华自我。这里须提倡自我教育，就是要求青少年要学会把自己作为教育对象，经常思考自己，主动设计自己，并自觉能动的以实际行为努力完善或造就自己。

思考是一种力量的源泉，它激励着人们勇往直前，战无不胜，要想成为出色的人就要学会思考。善于思考，勤于思考，才会发现别人没有发现的理论；善于质疑，勤于质疑，才会有所创新。牛顿根据苹果掉下来的现象发现万有引力就是善于思考和质疑的结果，所以读书就要抱着一种思考的态度学习，收获才会更大，才会有所突破。

正因为有无数爱思考、勤思考的人，才会有了今天辉煌的成就！

思考也是一种魅力的彰显。

思考之美在于它始终是鲜活的，思考之美还在于它坚持以厚积为基石。思考是美丽的，却又是艰辛的。马克思有言："在科学的道路上是没有平坦的大路可走的，只有在那崎岖小路上攀登的不畏劳苦的人们，才有希望到达光辉的顶点。"从这个意义上说，思考是人类获得成功的阶梯。不会思考的人是永远感受不到生活的快乐和美好。

　　思考是黑暗中的光明，思考是绝境中的村落，思考是迷途中的司南，思考是汪洋中的灯塔，陷入困境中时，紧张慌乱是徒劳的，为何不让自己静下来，镇定的思考一番呢？学会思考，往往会另辟蹊径，在绝处逢生，开拓一片蔚蓝的天空。

　　就让祖国的新一代接班人在生活中学会思考，在成长中学会思考，在失败与成功中体验思考的快乐吧！

8．专注于你的目标

　　美国 19 世纪哲学家、诗人爱默生说："一心向着自己目标前进的人，整个世界都给他让路！""一心"就是聚精会神，心无旁骛，不受任何干扰，专注于一个目标。

　　赵忠祥主持的《动物世界》曾播出过美洲豹猎捕羚羊的镜头，猎豹一旦锁定了猎食对象，就会从始至终紧追不放，对追捕中离自己极近的其他羚羊会视而不见，因为它知道，如果重新选择目标，意味着一轮追杀又要从头开始。它给人们一个有益的启示：无论干什么，专注于一个目标奋斗。

　　专注目标，需要执著

　　专注贵在执著。

　　时间最能考验人的意志，困难最能磨炼人的意志。执著似乎与顺境无关，但在人生和事业的追求过程中，困难和挫折在所难免，面对这一切，坚守和执著进取的意义就会非常突出。专注一时者众，而专注数载者寡。许多大事之成，不在于力量大小，而在于坚持多久。正如贝多芬所言："涓滴之水终可磨损大石，不是由于它力量最强大，而是由于昼夜不舍地滴坠。"可不是，蜗牛爬得多慢，但它永不停歇，也能爬到目的地；蚂蚁的力气不大，但它一点一点地挪动，能把比它体重大得多的食物搬回家。

专注的可贵之处就在于耐得住寂寞，经得起时间的考验。在困难和挫折面前始终坚持不懈，并寻求重点突破，最终铲除困难，臻至成功。

目标是需要推进的。应当意识到，建立目标的过程是最容易受到干扰的，因为这时候还没有目标，人的精神状态是相对比较懈怠的，因此更需要有毅力。有了毅力，才能聚精会神的去干某件事情。

常言道：滴水穿石，功在水滴的专注；铁杵成针，贵在磨针人的执著。生命之路总有无奈，而执著却让它更加精彩。没有永恒的相对，绝对才是永远。因为执著没有期限，要坚持就必须超越时间。也许，现实总与梦想相悖，或者，理想的结果永远不会出现。

一个人的精力是有限的，把精力分散在好几件事情上，不是明智的选择，而是不切实际的做法。专心做好一件事，就能有所收益，能突破人生困境。反之，一下想做的事情太多，反而一件事情都做不好，结果两手空空。

想成大事，不能把精力同时集中于几件事情上，只能专注其中之一。也就是说，我们不能因为从事分外的工作而分散了我们的精力。

如果一个人集中精力专注于一项工作，那么就能把这项工作做得很好。

美国一个成功学的研究机构曾经长期追踪研究 100 个年轻人，直到他们年满 65 岁。结果发现：只有 1 个人很富有，有 5 个人有经济保障，剩下 94 人情况不太好，可算是失败者。这 94 个人之所以晚年拮据，并非年轻时努力不够，主要原因在于不专注于自己的目标，不执著于自己的目标。殊不知，有目标才有斗志，才能发掘出人们的潜能。

目标，不只是理想，也是约束，有了约束才有发展。对跳高运动员而言，如果不在他的前面放一根横杆，可以肯定，他永远也跳不出好成绩来。正确的方法是不断升高横杆，让他不断地超越。有了目标才会使心态更加积极、专注和执著。

在青少年成长的道路上，学业是第一位，专注于自己的学业，执著于属于自己梦想中的那个目标，坚持不懈地走下去。

专注于目标，勇往直前

一生只做一件事，没有什么干不成的。也就是说，每次只专注于一个目标，直至成功，就会有很多很多的收获。

有一位来自农村的妇女，没读完小学，语言表达都不太熟练。因为她女儿在美国，所以她申请去美国从事户外工作。她到移民局提出申请时，移民官看了她的申请表，询问她的"技术特长"是什么。她说会"剪纸画"，说着她从包里拿出剪刀，轻巧地在一张彩纸上飞舞剪刀，不到3分钟，就剪出一组栩栩如生的动物图案。移民官员连声称赞，她申请赴美的事很快就办妥了。

一个没有学历、没有工作经验的农村妇女，凭着一项与众不同的特长，得到了社会的承认，拥有了其他人不能获得的东西。可是在我们身边，却有许多人走入误区。尤其是一些青少年，在学生时代还想着去社会上"闯荡"一番，荒芜学业，浪费时间，不专注于某个目标，总是东想西想，漂浮不定。还有一些大学生在校读书期间，忙着考这证那证，证书弄了一大摞；忙着做主持、当模特，业余职业换了一个又一个，但毕业之后却很难找到一份合适的工作。原因是他们分散了自己的时间和精力，没有专注于某一件事情，结果是事与愿违。

这些现象应为青少年所要重视起来的。要知道，有时候，一个人自诩拥有多种技能，但由于只是蜻蜓点水，钻研不透，反而不如拥有一项专长的人受青睐。如果你专注于某一件事情，尽力把它做到无可挑剔，那你可能比技能虽多但无专长的人更容易获得成功。

人人都知道，狼具有高度集中的注意力和长远的目标。

当狼看中一群猎物时，它们会非常专注，有时要观察几天，甚至是更长时间，一个月，但它们决不轻易放弃，哪怕几乎不可能得到的猎物，它们也要坚持到最后。狼在寒冷的冬天，总是难以寻找到食物的。一次狼群偶尔在山岭上发现了一群犀牛，但犀牛庞大，比狼的身体大几倍，狼是难以吃掉犀牛的。可是，狼没有放弃，它们一直专注犀牛的动向，连续几天下来，它们发现犀牛的一个致命弱点，于是，狼群利用犀牛的这一弱点将犀牛变成口中之物，也解决了忍受几天的饥饿。若狼没有长远的目标和专注的精神，狼群能得到食物吗？显然是不可能的。也许它会早就放弃了，只好在漫长的冬天里忍受挨饿，甚至死在寒冷的冬天中。

可见，长远的目标和专注是我们生活中做出选择时必不可少的，我们要吸取狼的这一精神，为我们的生活注进一些新的血液。走更远的路，需要从各种生灵身上吸取优秀的成分，充足自己，以便适应社会的发展需要，我们也不会被社会所淘汰掉。

在这个竞争激烈的社会中，我们都会有着一些或大或小的目标，我们为了达到目标而不断地努力着。在通往目标的路上可能是山花烂漫，也可能是荆棘丛生，当我们前行在荆棘丛生的路上，则可能会让我们失去信心，退缩不前。有很多能够披荆斩棘的勇士，确会被烂漫的山花迷惑了双眼，最终不能实现目标或者延迟了实现目标的时间。看来，要实现自己的目标并非一件容易的事情，这需要我们专注于自己的目标，用自己的勇气和毅力，克服通往目标途中所遇到的种种挫折和诱惑！

153

　　一个人在有限的职业生涯中，能够专注于一个专业，朝着一个目标做精、做深，比频频换行业、打一枪换一个地方更容易做出成绩。所以，当一个人已经确立了自己的职业发展方向之后，如果不是确信自己已经不能在这个行业有所发展，或者自己的个性与职业要求出现明显偏差，一般不要轻易转行。要想成为老板眼里的好员工，就要记住：每次只专注于一个目标。

　　马拉松赛是一项考验体力和耐力的运动，只要身体素质好又有耐力就有望夺冠，爆发力和速度都还在其次。1984 年，在东京国际马拉松邀请赛中，名不见经传的日本选手山田本一出人意外地夺得了冠军。意大利国际马拉松邀请赛在意大利北部城市米兰举行，山田本一代表日本参加比赛。这一次，他又获得了冠军。记者和广大体育爱好者都对他的成功非常感兴趣，却又不知道其中的奥妙。他在自传中写道："每次比赛之前，我都要乘车把比赛的线路仔细地看一遍，并把沿途比较醒目的标志画下来，比如第一个标志是一家银行，第二个标志是一棵大树，第三个标志是一座红房子……这样一直画到赛程的终点。比赛开始后，我就以百米冲刺的速度奋力地向第一个目标跑去，等到达第一个目标后，我又以同样的速度向第二个目标跑去……40 多公里的赛程，就这样被我分解成几个小目标轻松地跑完了。起初，我并不懂这样的道理，我把我的目标定在终点线上的那面旗帜上，结果跑到 10 多公里时就疲惫不堪了，我被前面那段遥远的路程给吓倒了。"

　　目标有大有小，专注于某个目标时，还要有智慧的参与。上述事例中，日本选手山田本一就是由小目标到大目标，勇往直前，一步步走向终点。

　　青少年亦如此，在学习中成长，善于学习，但是学习需要专注长远的目标。因此，首先树立一个明确的目标，养成专注的精神，勇往直前。

第一节　学会懂事

1. 知足才能常乐

西方曾有位哲人这样说："成功是没有标准的，只要我们都尽了最大的努力，发挥出了所有的力量和潜能，而且也尽了应尽的财力和物力，这样，即使结果仍不是最优秀的，但仍不失为一种成功。"其实，这句话就是为了要告诉青少年们，人一定要知足，做什么事情都不必追求最好的结果，只要尽力就好，因为成功并不意味着都是第一。结果固然重要，但过程也自有它的独特之处。

人的欲望是无穷的，就像是一个永远也填不满的无底洞。如果人们总是为了名、为了利上下奔波，为了钱、为了权日夜烦恼，让种种不断攀升的欲望，驱使着我们努力去工作，去赚钱，结果只能是生活节奏越来越快，钱也越来越多，但是我们也陷入了一个越来越深的痛苦深渊，到最后不仅期望的快乐不会如期到来，反而会沦为欲望的奴隶。所以，永无止境的欲望就像是一碗致命的毒药，无论谁喝了都无药可医。只有知足的人才能常常感到快乐，因为只有经常知足，才会在自己的能力所能达到的范围内去要求自己，而不是刻意去强迫自己。

不知足者，富贵亦忧

一个人的快乐是别人看不见的，人们只有通过他的外在表现或行为才能有所了解，快乐的很大一部分完全是一种心理上的满足，跟物质的多少没有多大关系。世间的财富和名利等给人们带来的快乐，实在是少之又少。一个人哪怕拥有万贯家产，他从中获得的安乐又有多少呢？就像一个拥有天下财产、人口的国王一样，他一生所享有的快乐，恐怕远远比不上一个大街上的叫花子吧。

有个大富翁，他家里非常富有，钱多到以至于他雇了几十个账房先生来管理，但还是忙不过来。虽然拥有这么多让别人羡慕的财产，可这个富翁却是每天寝食难安，愁眉不展。而在他的隔壁，有一对穷苦的夫妇，他们靠卖豆腐过日子，尽管日子过得十分清苦，但老两口每天从早到晚却有说有笑，显得十分快乐。富翁觉得很不明白，便去问一位账房先生："为什么我这么富有却快乐不起来，而隔壁的邻居日子那么苦还能那么高兴呢？"账房先生回答说："老爷，你先不要多问，只需向隔墙扔过去几锭银子，就会知道了。"于是，富翁趁晚上夜黑无人，将五十两银子扔到了豆腐店里，卖豆腐的老夫妇捡到了"天上掉下来的馅饼"，欣喜若狂，他们一辈子也没见过这么多的钱财。于是他们忙着藏银子，又考虑如何花，还要担心被别人偷……这些银子弄得他们吃不好饭、睡不好觉，日夜难安。从此以后，富翁再听不到那往日的歌声和笑声了，这时才恍然大悟："原来让我不快活的原因，就是这些钱财啊！"

对于富翁来说，财富虽然给他带去了豪华的物质享受，但他的内心却从未有过片刻的宁静，甚至可以说充满了痛苦。五十两银子打破了卖豆腐的夫妻俩的安乐生活，不知他们是否后悔捡了从天而降的财富？诚然，在永不满足的情况下，或许可以让人们实现很多的理想，但日子久了，这种可怕的习惯就会和我们如影随形，直到有一天，大火烧了衣服才猛然发觉：原来这样的活法这么累，原来这样的生活一点都不快乐。所以，青少年一定要学会知足，让自己的人生快乐起来。

知足者贫贱亦乐

所谓知足，就是对现有的生活或者状态感到满足，不去刻意地和别人盲目攀比，时刻保持一种心平气和的心态。但现实生活中，我们却总是"在这山望着那山高，在那山又觉得这山耸"，殊不知，其实两座山是一样的，只是自己永不知足的心在作怪罢了。这种人永远不能得到满足，快乐也就不会经常光顾他们。只有知足的人才能认识到永无止境的欲望所带来的痛苦，于是干脆去压抑一些根本无法实现的愿望，看起来虽然比较残忍，但它却能减少许多的痛苦。

有个善良的天使，她经常到凡间去帮助一些需要帮助的穷苦人，因为这样她能感受到幸福的味道。有一天，天使在凡间遇到一个农夫，他的样子十分苦恼，他向天使哭诉说道："我们家的水牛刚刚死了，没有它帮我耕田，叫我如何种庄稼呢？"于是，好心的天使就赐给了他一只健壮的水牛，农夫十分高兴，连连向天使道谢。

过了些日子，天使又见到了这个农夫，农夫还是一脸沮丧的样子，他又向天使说："我们家的钱被骗光了，这可是我一辈子的积累呀！这叫我们一家人可怎么活呀？"于是，天使又给了农夫许多的财富，农夫又高兴地接受了。

后来，天使又去看这个农夫，也见到了他貌美而温柔的妻子，但农夫说他仍然不快乐，虽然他现在衣食无忧，可他感受不到幸福，要天使给他幸福。天使想了想，说道："我知道该做什么了。"说完，她把农夫所拥有的一切都拿走了——拿走了他的钱财，毁去了他的容貌，夺去了他妻子和儿子的性命。过了一个月之后，天使回到农夫身边，把他从前的一切还给了他。当农夫又重新拥有这一切的时候，他感激地对天使说："我现在终于知道什么是幸福了，谢谢你。"

生活中我们总是在考虑自己并未得到的东西，却往往忽略已经拥有的，不知足者最苦恼。农夫正是因为不知道满足，才会一次次的向天使索取，当他真正懂得幸福的时候才明白，原来幸福就是自己所拥有的。人心不足蛇吞象，蚂蚁撼树太猖狂，其实我们每个人到底有多大的力量，只有自己最清楚。只有知足者才能保持一种良好的心理状态，让自己的需求和承受能力相对的维持平衡。

当然，青少年不要误会了知足的涵义，知足并不是让我们目光短浅，不是要我们停滞不前，不是让我们在现有的成绩前自我陶醉而无视人生更远大的追求。知足更不等同于骄傲自满，拿自己目前的状态向人炫耀。知足只是对现实的一种正确的反映，它只是相对而言，并不代表着绝对满足。可以说，知足是一种平和的处世智慧，它教会人们从不足中找到知足，在不乐中寻到快乐，真正能够洒脱的做到："事能知足心常泰，人到无求品自高。"

知足者有一种适可而止的精神，知足者有一种乐观豁达的心态，知足者有一种恬静淡然的处事态度，知足者有一种与事无争的高贵品质。知足者常能够在纷繁复杂的社会里找准自己的位置，并享受着那份快乐，所以，知足者常乐。

2. 有付出才会有收获

想成为一个高素质的青少年，绝不仅仅是知识和智能的较量，更多的则是意志和毅力的较量，没有吃苦的精神和能力，是不可能在激烈的竞争中获胜的。人们常说："只管付出，不望回报；只讲奉献，不讲报酬。"这句话其实是一种对人性心理错误的说法。事实上，只要你付出了，就一定期望能得到相应的回报，在生活中，与父母亲密无间，与同学的推心置腹，与老师的信任默契等都是相互付出换来的。虽说付出是艰辛的、耕耘是苦的，而收获与成功却是喜悦的。假如没有艰辛的付出，怎么能有收获的喜悦呢？只有付出，才能知道成功的喜悦。

只要你勤于付出，总会有回报

"舍得舍得，有舍才有得"。任何一份努力，都会在日后得到回收。得到与付出之间有一架精确的天平，付出什么就会得到什么。种下什么，就会收获什么，付出汗水，就会获得丰收。天上不会掉馅饼，如果你不付出就永远得不到回报。特别是处于 21 世纪经济发展的今天，吝啬于付出的人，是不可能掌握更多的知识与技能的。

漫长的人生历程，你永远不知道等待你的下一站是什么样子。然而活着的意义不是追求一劳永逸，而是用心体会生命中的苦与乐。丰收本身却不可定，有的时候风雨兼程换来的却是一无所有和无比失落，而有的时候，却是那无比甜蜜的丰收硕果。但不管怎么样，在丰收前，你必须要付出自己的汗水，这一点是毋庸置疑的。

在卡尔还很小的时候，他的父亲患了严重的眼病，家人花了很多钱，寻访了许多医生，然而父亲的眼睛还是没有能够保住。从那时候起，卡尔发誓要做最好的医生，帮助那些像他父亲一样的人，使他们可以重见光明。为此，他放弃了和伙伴们玩耍的时间，并且不结交学业以外的朋友，目的当然只有一个：节省下一切时间，为了心中的梦想努力学习。

卡尔家并不富有，父亲失明后更是陷入了贫困。所以卡尔大学毕业时，在工作和继续深造的十字路口犹豫不定。这时他的母亲，一位普通的家庭主妇鼓励他下定决心，她说："不要让眼前的东西迷失了自己的眼睛，如果你已经选择了就不要轻易放弃，要坚信一切的付出都是有回报的。"听了母亲的话，卡尔放弃了唾手可得的高薪工作，继续攻读他的学业，几年后，他终于成为美国医学界令人惊讶的后起之秀。

卡尔选择了自己的梦想并为之付出了努力，最终把梦想变成了现实。在现实生活中，人们总是会感到自己付出很多，但得到的却很少，更有甚者付出也没有回报，越来越多的人认为付出和回报是不成正比的。其实这种想法是不对的，也是片面的。人类的欲望是无限制的，总希望这个世界给他们多少回报，却忽略了自己到底为这个世界付出了多少。正如人们总是看到成功者收获的鲜花和掌声，却都忽略了他们为之所付出的艰辛和血泪。

很多时候，青少年会多愁善感地认为自己是那么的渺小，永远没有办法预知自己在经过凄风苦雨的奋斗以后，会得到些什么。其实，每个人都是伟大的，因为你拥有着自己的法宝：灵巧的双手和一个聪明的头脑，来为自己的将来奋斗，去挥洒自己的汗水，来谱写生命的乐章，体验人生历程中的酸甜苦辣！

一分耕耘，一分收获

不劳而获的事情是不存在的。常言道："一分耕耘，一分收获"，有了辛勤的劳动，你才会有成果。爱因斯坦曾经说过："在天才和勤奋之间，我毫不迟疑地选择勤奋，她几乎是世界上一切成就的催生婆。"纵览古今中外，哪个成功人士不是付出了许多，才取得了丰硕的成果呢？人们都为王羲之的书法竖起大拇指，连连称绝，可他身后又有多少默默无闻的付出呢？他每天勤学苦练，墨水竟然染黑自家门前的河；还有"批阅十载，增删五次"的曹雪芹；语不惊人死不休的杜甫；闻鸡起舞的祖逖……我们只能感叹：他们的成功源于勤奋地付出！世上没有惊人神话，只有默默无闻浇灌出的成功……

在 2004 年的雅典奥运会上，刘翔脱颖而出，夺得 110 米跨栏的总冠军，并以打破纪录的骄傲感动了中国人、震撼全世界。之前，几乎所有人都认为，百米短跑冠军只会是那些身强力壮的西方人的专利，但是刘翔在全球人面前改写了历史，把这桂冠戴到了黄皮肤黑头发的中国人头上，实现了中国人的多年梦想。他是靠运气吗？不是。大家应该知道，在这鲜花、掌声与成功的背后，付出的是艰辛！当然，每个人都可以想到这背后一定有付出，但大家或许想象不到他每天进行高强度训练所流的汗水，想象不到每天长跑、跨栏等训练的酸楚。一块金牌，一个奖杯的身后凝聚着运动员的多少心血与汗水呀！这是他咬紧牙关、奋力拼搏换来的。不经一番寒霜苦，哪得梅花扑鼻香！世间自有公道在，有付出总是会有回报的，只要你勤于付出。

所谓种瓜得瓜，种豆得豆，无论做什么事情，只要付出了就会有回报。当你在"付出"的同时，也种下了自己将来的收获，它可能不会立竿见影的马上回报给你，但它总会在将来的某一天、某一时间、某一地点，以某一方式等你需要的时候回报给你。如果你曾不断地付出，那么你就一定会获得加倍的回报。

卡莱尔也曾说："天才就是无止境刻苦勤奋的能力。"因为只有肯付出，才能实现自己的目标，收获的时候才会有让你满意的成果。如果说，成功是一棵长青树，那么浇灌它的必定是辛勤的汗水；如果说，成功是一株不败的鲜花，那么照耀它的必定是心中默默无闻的太阳。是的，成功绝非偶然，成功的背后总有成功者默默无闻的努力！

有付出总会有回报，播种什么，收获什么；付出什么，回报什么。这是一种循环，一种法则，它是无法逾越的。成功与失败，正如天平一样，可以准确地称量一个人的付出与回报，谁重谁轻绝不偏袒任何一方，你为它付出了多少，相应的它就会给予你同等的回报。说到不如做到，要做就要做到最好，只有让自己付出，让自己做到最好的时候，你的生活才会更加的美好。

3. 知道自己驶向哪里

青少年是新世纪的栋梁，是祖国的未来。可作为一名青少年，在自己的人生中，你希望扮演什么样的角色呢？是被动的由他人安排，还是

162

自主地选择自己的人生？知道自己将驶向哪里，生活就是你的天堂，让你从容自信；知道自己驶向何方，生活就是你的快马，让你快意纵横。

明白自己的目的是什么，知道自己驶向哪里，是人生奋斗的前提，方向决定了你的命运，影响着你的前途。

知道终点，才不会迷路

在人生的旅程中，如果不知道自己将要驶向哪个港口，那么，对一个人来说，也就无所谓顺风或者是逆风了。没有方向、没有计划的生活叫做碌碌无为，停滞的思想只会让你面临着被淘汰的命运，不知道自己驶向何方，你永远只在原地踏步。

在茫茫的渤海中有一条鱼，这条鱼逆流而行，它冲过海滩，划过激流，穿过湖泊中层层渔网，躲过深海中无数水鸟的追逐，拼命的往上游。它不停地游，穿过山间的小溪，挤过浅滩的乱石，避过所有的暗礁，克服了所有看起来不可能克服的困难，在一天的早上，它游到了唐古拉山脉。

然而，它还没来得及在这座山脉跳跃一下，还没来得及在这水中畅游一番，还没来得及品尝这清泉的甘甜，还没来得及欢呼一声，瞬间就被结成了冰。

多年以后的某一天，一个登山队发现了这条鱼，它还保持着向上游的姿势。队员们看出它是来自渤海中的一条鱼，都被它的不屈精神所感动，所折服，无一不赞叹它的勇敢与无畏。其中的一位老人却说："它固然勇敢，却只有伟大的精神，没有伟大的方向。"

如果一个人不知道自己驶向哪个码头，无论什么风都不会是顺风；如果一个人不知道自己驶向哪个方向，无论到达哪里都不知道为什么来此。

作为一名新世纪的青少年，正是应该确定自己人生航向的时候，在人生的航程中，一定要弄明白自己将要行驶的方向与目的。一个人要知道自己想要什么，要清楚自己的目标是什么，如果想要的东西太多，或者没有清晰的目标，就像走在一个十字路口，左右为难、徘徊不定，于是乎，轻者彷徨、烦恼；重者挣扎、痛苦，备受煎熬。其次，人生虽有顺境、逆境之分，但境遇并非完全由上天决定，自己做出选择的那一刹或许已经决定未来的旅程是一帆风顺还是逆势而行。因此，明白自己驶向何方，是生命征途中很重要的一件事。

人生最大的遗憾就是没有方向，不知道自己将会驶向哪里，这是一件很可悲的事。作为一名有志向的青少年，在人生的十字路口，要懂得去寻找自己的方向，学会自己去选择自己的方向，确定人生航程的方向。这样，在上路的时候，你才不会害怕暴风雨的袭击，因为你知道自己将会驶向哪里，你就会有足够的勇气去面对航程中的一切艰难险阻。

知道终点，才能到达终点

人生就是让自己的目标一个一个变成现实的过程，当一天和尚撞一天钟，得过且过的日子是庸者的生活。人生要有目标，要不断努力，当你找到自己的目标并一直努力地向前跑，相信每个人都可以发光发亮。

在非洲大草原上，夕阳西下。这时，一头狮子在沉思，明天当太阳升起，我要奔跑，以追上跑得最快的羚羊的速度；此时，一只羚羊也在沉思，明天当太阳升起，我要奔跑，以逃脱跑得最快的狮子的速度。那么，无论你是狮子或是羚羊，当太阳升起，你要做的，就是奔跑！

人生道路蜿蜒曲折，还有很多的岔道，放眼望去，岔道上似乎有美妙的风景，你或许会踌躇该走哪条路。要走好人生之路，就要选对路，而很关键的，是要找准方向，清楚知道自己的方向在哪里。

你不见向日葵总是朝着太阳吗？当太阳刚从山头露出笑脸时，伴着清风的吹拂，伴着鸟儿的歌唱，向日葵将头抬起，花盘朝着太阳。当太阳从天空的东边移到西边时，向日葵的花盘也从东边转向西边。

在其间，不管是有蚂蚁的拜访，还是有蝴蝶的问候，它都不会因此而停留片刻，它心系的是太阳，因为，太阳是它的方向。

你不见大雁总是朝着南方飞翔吗？当秋日渐来，伴着秋日凉爽的风，伴着枯叶悠悠的落下，大雁起程了。在广袤的蓝天下，它们或许会变换队形，或许会发出在山谷回荡的鸣叫，但是，它们的方向始终是一个，那就是南方，它们永远坚持这个方向。在其间，它们不会因为落叶的飘零或是秋天的凉意而折回，它们不会因为在旅行中遇到危险而停留，它们执著地向着南方飞翔，因为，那里是它们的方向。

向日葵朝着太阳生长，追随太阳的方向，这样才能获得最多的阳光，让自己成长的更加高大；大雁朝着南方飞翔，坚持不懈地飞翔，这样才能帮助它们度过严寒的冬季，达到让自己得以生生不息的目的。无论是向日葵还是南飞的大雁，它们都选对了自己的方向，知道自己驶向哪里。

人，也要找准自己的方向，若迷失了方向，纵有再多的热情与努力，结果也不是自己想得到的。法国的拿破仑在进行的早期战争中是为了保卫法国，所以，他取得很大成果，推动了法国的历史车轮向前进，因为他找准了方向。后来他的勃勃野心使他变成了一个疯子，肆意侵略，导致了他的失败，因为他迷失了方向。

人生的道路有千条，选择哪一条道路决定了你的人生航向，不管哪一条道路，你都要给自己找一个正确的方向，沿着这个方向努力地走下去。只有知道自己驶向哪里，找到方向，你才有可能找到希望，找到成功。

"你我相逢在黑暗的海上，你有你的，我有我的，方向。"亲爱的青少年朋友，不管你选择了哪个方向，但希望你知道自己将会驶向哪里。

4. 永不放弃自己追求

一个人具备了执著的信念，才有资格成为自己命运的主宰者，这世上也只有具备强大坚持力的人才能拥有一切,才能达成终极的成功。

大凡成功者的字典里都没有放弃、不可能、办不到、没法子、成问题、行不通、没希望、退缩这类愚蠢的字眼。他们在奋斗的过程中,都是尽量避免绝望,一旦受到它的威胁,他们就会立即想方设法向它挑战。

要想成功,要想成与众不同,要想创新就不能在乎别人如何看你。地球是圆的,对吗?当然对,谁也不会否认。这是谁最先提出来的呢?是伟大的天文学家哥白尼发现的,他提出"地圆说"时,被人们当作疯子。"地怎么可能是圆的?那走路不就站不稳了吗?"当时他甚至被国王以"妖言惑众"的罪名判刑。

大画家梵高,当时人们也认为他是一个疯子。不仅仅是他们,世界上的每一个伟人在刚刚开始时,都被视为异类。因为他们不平凡,当然不被平凡人理解,因为他们与众人不一样,所以他们会发展成为伟人。而一般人与一般人都一样,同样是一般人的想法。

所以,当你被周围的人视为疯狂的时候,你几乎已经开始成功了。但是一般人太在乎别人如何看他,害怕别人对他的批评,他在想法与行为上当然处处受限制,如何能成功呢?所以,在面对众人对你的讥讽与嘲笑时就坚持自己的原则,说不定下一步就是成功。

成功等于永不放弃

有一句话叫"志不坚者智不达",这句话非常有道理。伟大人物之所以伟大,最关键的就是其具有坚强的意志,他们的目标一旦确定后,就会坚持自己的理想,直到成功为止。正如发明家爱迪生所说:"伟大人物最明显的标志,就是他坚强的意志,不管环境变换到什么地步,他的初衷与希望仍不会有丝毫的改变,而最终克服困难,以达到预期的目的。"

意志是为了达到既定目标而自觉努力的心理能力。在心理学上,健康人格可以划分为智慧力量、道德力量、意志力量三种人格力量。

坚强的意志正是成功的核心品质。正如郑板桥在《竹石》一诗中对意志所做的生动形象的解释："咬定青山不放松，立根原在破岩中。千磨万击还坚劲，任尔东西南北风。"这种意志虽然不是写他为了自己的理想永不放弃，但同样的，追求自己的理想就要有这种"咬定青山不放松"的坚强意志。

英国前首相本杰明·迪斯累里原本是一名并不成功的作家，出版数部作品却无一能给人留下深刻印象。文学上的失败让他认清了自己，几番周折后，他决定涉足政坛，决心成为英国首相。他克服重重阻力，先后当选议员、下议院主席、高等法院首席法官，直至1868年实现既定目标成为英国首相。

杰明·迪斯累里成功后，有人问他成功的秘诀，对于自己的成功，在一次简短的演说中迪斯累里一言以蔽之："成功的秘诀在于坚持目标。"明确而坚定的目标是赢得成功、有所作为的基本前提，因为坚定目标的意义，不仅在于面对种种挫折与困难时能百折不挠，抓住成功的契机，让梦想一步步变为现实，更重要的还在于身处逆境能产生巨大的奋进激情，使自己的潜能得到最大发掘与释放。

爱默生说："一个伟大的灵魂要坚强地生活，也要坚强地思想。"他就是用这句话来警示人们要远离脆弱，多一些挺进的勇气和思想的韧性。爱默生的思想环境其实比我们好得多，但他还是感到没有坚强的意志就难以坚持自己的追求。

他认为，一个人要坚定地走自己的路，要情愿忍受苦难地走自己的路，这样才不会在世俗面前庸俗下去。何况，人在思想旅途中又常常会气馁、彷徨。面对身外身内的敌人，如果缺少思想韧性，就会从挑战、质疑、叩问中变成迎合、俯就、媚俗，完全失去创造者高贵的特征，生命也就不再具有质量的话题。

《世界上最伟大的推销员》的作者奥格·曼狄诺写道："我不是为了失败才来到这个世界的，我的血管也没有失败的血液在流动，我不是牧人鞭打的羔羊，我是猛狮，不与羊为伍。我不想听失意者的哭泣、抱怨者的牢骚，这是羊群中的瘟疫，我不能被它传染。失败者的屠宰场不是我命运的归宿。"

挫折是前进的动力

既然目标已定，便应该风雨兼程，林肯挂在墙上的名言：我要朝着我的目标前进，攻击我的言论将会一钱不值。如果我要看攻击我的言论，我将一事无成。

泰戈尔说："如果说失败是成功之母，那挫折是前进的动力，让我们在人生的长途上，勇于高歌，只有经历地狱般的磨练，才能炼出创造天堂的力量；只有流过血的手指，才能弹出世间的绝唱。"

青少年朋友们可能都读过古希腊神话中西绪弗斯的故事。西绪弗斯因为触犯了天庭法规，被天神惩罚，降到人世间来受苦。天神对他的惩罚是让他推一块石头上山。每天，西弗斯都费了很大的劲把那块石头推到山顶，然后回家，可是，在他回家时，石头又会自动滚下来，于是，西绪弗斯又要把那块石头往山上推。这样，西绪弗斯所面临的是：永无止境的劳作，又永远止境的失败。天神要惩罚西绪弗斯的，也就是折磨他的心灵，使他在"永无止境的失败"命运中，饱受苦难。但他就是坚持自己的追求，永无止境的不放弃。

西绪弗斯在前进的过程中始终不肯认命，他也没有在失败的圈套里被困住。他认为推石头上山的过程本身就很有意味，只要把石头推上山顶，总有一天它会停下来的，况且每一次推石头到山顶，都是一次意志的检测。

从这以后，天神终于没有办法再惩罚西绪弗斯，就召他回了天庭。

西绪弗斯终于赢得了胜利。他的全部秘诀只有两句话：不屈不挠，坚持到底。这也是让生命过程获得美感的最好选择。

5. 忍耐是一种恒心

德国著名诗人歌德到公园散步，迎面走来了一个曾经对他作品提出过尖锐批语的批评家，他站在歌德面前高声喊道："我从来不给傻子让路！"歌德却答道："我正好相反！"歌德一边说，一边满脸笑容地让在一旁。歌德以幽默和宽容的方式避免了一场无谓的争吵，也显示了他的大度和忍让。

只有忍让别人的人才会获得他人的尊敬，只有这样的人才能看得更高，走得更稳。海之所以能纳百川，就是因为它的宽广，做人也同样如此，拥有一个广阔的胸襟，才能让你更加潇洒。

凡事忍耐为先

为人处世忍为先。忍耐，它首先是一种坚持到底的恒心，忍耐作为一种处世的学问，特别是对于许多青少年来说，是绝对不可缺少的。所以，俗话说："心字头上一把刀。"有句话很经典："难管之理宜听，难为之人宜厚，难处之事宜缓，难成之功宜智。"劝解人不要钻牛角尖，很难的道理先不用讲，很难处的人先让他，很难做的事先缓一步，很难取得的胜利利用智慧去获取。

人们常说："忍，忍，忍，忍字头上一把刀。"所以忍耐是一件很痛苦的事情，但它表现了一个人的一种意志，更突出了一个人的一种品质，忍耐反映出来的是人的品格。对于青少年来说，更是如此。忍耐告诉我们，不要因小失大。尤其是在身处逆境的时候，更要学会忍耐。

有这样一则寓言，说的是有个老婆婆，种了一大片玉米。到了秋天，一只颗粒饱满的玉米棒儿就自信地说："因为我是最棒的玉米，所以老婆婆肯定会先掰我!"可老婆婆来掰玉米的时候,并没有先掰它。玉米就自我安慰说:"没事,老婆婆她只是眼神不好,明天一定会把我掰走的!"第二天,老婆婆又一连掰走了其他几个玉米。一连几天,老婆婆都没有来,玉米沮丧极了:"我总以为我自己是最好的,其实我是今年最差的,连老婆婆也不理我、不要我了。"以后的日子,经历了烈日暴雨的玉米的颗粒变得坚硬了,整个身体像要炸裂一般,它准备和玉米秆一起烂在地里。可就在这时,老婆婆来了,一边摘下它,一边说:"这可是今年最好的玉米哟,用它做种子,明年一定有更好的收获。"

所以,对于每个人来说,几乎每个人在人生旅途上,都要受到命运之神的捉弄。当你不甘心做命运的奴隶而又不能扼住命运的咽喉时,必须学会忍耐。学会让所有痛苦在忍耐中化为轻烟,学会在忍耐中拼搏,学会在忍耐中锲而不舍地追求,而不是在逆境中轻易放弃。忍耐是意志的磨练,爆发力的积蓄,用无声的烈火融化坚冰。生活的沧桑使生命埋下难言的隐痛,忍耐却使人相信,隐痛必将消失,暴风雨过后的天空会更清朗。

玉米棒儿忍耐了风吹日晒,最终迎来了沉甸甸的收获。忍耐使它走向美丽和成熟,使它彰显出生命的辉煌。

白居易有两句诗:"试玉要烧三日满,辨材须待七年期。"要知道事物的真伪优劣,只有让时间去检验;要识别人才的真伪优劣,也只有让时间去检验。"路遥知马力,日久见人心。"凡事要拿得起、放得下,不要计较一时的得失荣辱,不要太在意别人如何看待。相信自己,踏踏实实地走自己选定的路,认认真真地干自己想干的事,相信你也会成为那个最棒的玉米。

但更重要的是:忍耐不是屈服,而是积聚力量,准备着下一次的冲刺;忍耐不是退缩,而是高瞻远瞩,坚持下一个目标。广袤的天空能够忍耐乌云密布、雷辊电霍，才能挂上亮丽的彩虹；无边的大海能够忍耐暗礁四处、海啸肆掠，才能撑起远航的帆船；挺拔的青松能够忍耐风吹雨打、严寒酷暑，才能坚守脚下的土地。

其实对于青少年来说，没有逆境的人生是平淡无味的，是难以塑造我们坚强无比、无坚不摧的魄力与意志力的。只有在逆境中，才能考验我们到底有多大的承受力，有多少挑战逆境的智谋，同样只有这样才能打造极具抗击能力的坚强的自我。一个人无论如何伟大，相对于悠久绵长的历史而言，总是渺小的。就一个人的一生而言，也往往是逆境多而顺境少。这就要求我们凡事以忍耐为先，这样才有可能在下一次的战斗中取得更大的成功。

黑夜到来的时候，我们必须忍耐到黎明。寒冬来临的日子，我们只能忍耐到春天。淫雨霏霏的季节，我们同样期盼着雨过天晴。与过分热情的人在一起是一种负累，与木讷的人共处只会觉得沉闷。生命的过程本来就是一种忍耐。忍耐使单纯的人走向成熟，使冲动的人变得理智。忍耐是一首温馨的小诗，忍耐是一掬清澈的山泉，忍耐是蓝天上一朵轻盈的流云，忍耐是一首旋律优美的小夜曲。忍耐有时伴着一种快乐，和着一种美感。忍耐就像久坐池边而不觉厌倦的垂钓者，就像王羲之笔染的墨池，就像围棋大师的一招一式。经历过苦难才知道幸福，雨过天晴后方能见彩虹。

学会忍耐，接近成功

罗素说："希望是坚韧的拐杖，忍耐是旅行袋，携带它们人们可以登上永恒之旅。"成功是许多忍耐的总和。伟人的特征之一，就是比平常人更会忍耐，小不忍而乱大谋。忍耐需要勇气，需要智能，更需要信念和力量。忍耐是成功的必备要素。

中国有名俗话叫"百忍成金"，但忍耐更是一种恒心。《圣经》中有一句名言："患难生忍耐，忍耐生老练，老练生盼望。"在成长的过程中，苦难是一个试金石，能熔炼出我们内在的深度。承受力和忍耐力考验着我们的意志，也能发掘出我们内在的潜能和才华。

因为我们懂得忍耐是为了更大的成功，我们向往忍耐之后的美丽阳光。坚忍卓绝的意志，强毅不屈的气度，才是使我们能够在这充满战火气息的当今社会中成为真正的强者与成功者的保证。

莎士比亚说过："必要的忍耐是对付疯狗的良策。"忍耐不仅是个人修养，也是智者生存的方式。张耳和陈馀是魏国的名士，秦灭魏后，用重金悬赏提拿二人，两人只得乔装打扮改名换姓逃到陈国。一天，一个官吏因一小事而鞭抽陈馀，陈想起以前在魏国是多么受重用，何曾受到这般侮辱，怒不可遏，当即想起来反抗。张在旁见状不妙，便用脚踩了陈一下，陈终于没吭声。官吏走后，陈还怒气未消，张便数落他一顿："当初我和你怎么说的？今天受到一点小小的侮辱就去为一个官吏而去死吗？"后来，陈馀和张耳的命运就截然不同：张耳成了刘邦的开国功臣，而陈馀辅佐赵王，被韩信斩首。一个能忍，一个不能忍，两人的最终命运竟有如此之大的区别！

正是因为张耳的忍耐，而最终成为刘邦的开国功臣，他可以说是一个成功的人。相反的，陈馀却不能忍耐，最终落得个被韩信斩首的下场。所以对于青少年来说，要想成就大事业者就要学会容忍，辛苦谋生活者要容忍，出门在外祈愿平安者要容忍，急欲摆脱困境者要容忍，商场制胜者更需要容忍……学会容忍，笑看人生。宠辱不惊，闲看庭前花开花落；去留无意，漫随天外云卷云舒。在面对人生各种问题的时候，千万要学会克制，学会忍耐，而不要像炮捻子，一点就着。这样只会像陈馀那样与成功擦肩而过。

所以广大的青少年朋友们，在人成长的过程中，总要经历各种各样的磨炼，忍耐也是其中的一种。也许忍耐是种痛苦，但是在某种程度上学会了忍耐就是学会收获快乐。因为人活一世，更多的时候需要忍耐，而不伤原则的忍耐往往比无谓的抗争有价值的多！

没有忍耐精神，是不能成就大事业的。懦弱、意志不坚定、不能忍耐的人，不能得到他人的信任与钦佩。只有积极的、意志坚强的人，才能得到人们的信任，要是没有大家的信任，事业的成功是很难获得的。世界上不怕没有坚定的意志人的位置，人人都相信百折不回、能坚持、能忍耐的人。意志的顽强能生出信用来。假使你能够不管情形如何，总坚持着你的意志，总能忍耐，则你已经具备了成功的要素了。

6. 忍者无敌，忍耐制胜

忍耐之草是苦的，但最终会结出甘甜而柔软的果实。

——辛姆洛克

你有受过委屈吗？你有感到过无助吗？你有感到过孤独吗？面对孤独、无助、寂寞，你想过要忍耐吗？你想过要逃避吗？人，其实有太多不想面对的人和事，同时也有太多的无奈了。人与人相处，就像自己的牙齿和舌头，再怎么小心也终有疏忽咬到的那一刻。要想和谐相处，首先应具备宽容的度量。古有名言："宰相肚里能撑船"，意思就是人要有宽宏大量的胸怀。尽己所能给予对方改过自新的机会，用自己的宽容换得对方的进步或重生。切莫斤斤计较，所谓得饶人处且饶人。对于青少年来说，更是如此，做什么事情都不能冲动，一定要学会忍。

尽管这样，我们还是要生活下去。所以我们要学会忍耐，学会去面对所有这些不愉快的事。因为要相信：人之初，性本善。人的心都是肉长的，都拥有七情六欲。只要你肯拉他一把，只要你真心帮他，循循善诱，再迷途的羔羊也有归反的意愿，终有被感化的一天。忍一

173

时之气，助他人成长，何乐而不为。未来的世界不是一帆风顺的，不成熟的青少年一定要学会忍！正如曾国藩所说"好汉，打脱牙，和血吞"。总有一天田中郎会登天子堂。

忍者无敌，百忍成金

忍让、宽容是人必须具备的修养和品质。一事当前忍为高。著名学者胡适先生曾挨过十年的骂，但从不怨恨骂他的人。他强调："我要用容忍的态度来报答社会对我的不容忍。因为我年纪越大，我越觉得容忍的重要意义。"胡适还说："我们若想别人容忍我们的见解，我们必须先养成能够容忍谅解别人的见解和度量。"所以孟子有曰："天将降大任于斯人也，必先苦其心志，劳其筋骨，饿其体肤，空乏其身，行拂乱其所为，所以动心忍性，增益其所不能。"

在隆安县乡里村间流传着一个"百忍成金"的民间故事。传说有个年轻人，从小养成火暴脾气，结果做什么事都不顺，眼看已是而立之年，仍一事无成。

这天，年轻人跑去向一位老翁请教如何才能够做事成功。老翁说："和气生财，你若能忍耐一百次而不发脾气，便能成功了！"年轻人就试着照老翁的话去做了。

有这么一天，他家的鸡与邻居家的鸡斗啄，被啄死了。他非常生气，正要发作，就想起老翁说过的话，马上就把火气强忍下去。又有一次，一个小孩子跌倒了，额头也被撞伤了，他就去扶起小孩子，并且还给小孩敷伤。可小孩子的母亲以为是他撞倒的，就不分青红皂白的把他骂了一顿。这可真是冤枉了他！但他却一直想着老翁说过的话，他便一直强忍着把火气给压下去了，就这样，他先后忍了九十九次。

等到他结婚之日，亲朋好友正兴高采烈地喝酒，这时，门外来了个乞丐，家人给饭菜他却不要，偏要新郎亲自招待他不可。许多人都说别理这个疯子，可新郎官稍加思考，便欣然去见了那乞丐。乞丐对新郎说："我年轻时因为脾气不好，气死了我父母，娶不了亲。今天我来向你请求，我年老了，不敢希望有什么花烛合衾，只求让我在你的新房里睡一晚，我死也瞑目了。"

谁知道老乞丐刚说完，众人便都忍不住，都骂他是个疯子，甚至要赶老乞丐走。新郎官也很恼火，但他想起自己的遭遇与乞丐有些相似，也同情乞丐的不幸，便忍气答应了。那天晚上，新郎让出新房给乞丐睡，自己则和新娘到偏房过了夜。

翌日，大家起床了，可乞丐睡的新房仍紧闭着门。大伙儿想去赶乞丐，新郎劝大家说："天还早，让老人家多睡会吧！"大家一等再等，直至日出三竿，新房里仍无动静。当大家忍不住推门进去时，乞丐早已无影无踪，只见床上有一堆金灿灿的金元宝,元宝上刻着"百忍成金"四个字。

这"忍"是前提，是美德；这"金"是结果，是收获，它不仅仅是黄金，是金钱，更是金子般高贵的人品。一个人不但要学会小忍，更要学会大忍。同学之间、朋友之间、家人之间，其实都没有什么过不去的坎，忍一忍吧！退一步，风平浪静；让人三分，海阔天空。

只要人人从我做起，一笑而过，彼此承让，百忍成金，那么世界将充满和谐的欢乐。一个人要学会忍耐，否则将会面临着失败；一个人要大度开怀，命运将在你手中主宰。其实，人要学会忍耐，只要能忍耐，一切都会过去，能够忍耐的人，是世界上最有勇气的人。俗话说"百忍成金"，意思是说，人要学会容忍。作为青少年，要学会的第一件事情就是忍耐，不以物喜、不以已悲是最好的境界。

对于青少年来说，如果你学会了小忍，你就会赢得朋友，赢得关爱；小不忍，你就会失去人间真情，成为孤独的羔羊。学会大忍，你会光明磊落，问心无愧；大不忍，你就会身陷囹圄，成为社会和历史的罪人。中国有句古训：小不忍，则乱大谋。又云：沉默是金。其实这是与"百忍成金"有异曲同工之效。

天下没有比水更柔弱的东西了，然而在攻坚克强的战斗力上却没有什么能胜过它的。因为没有什么东西能替代它、改变它。弱小可以战胜强大，柔软可以胜过刚硬，这道理天下人没有不知道的，但却很少有人懂得去身体力行。忍辱方能负重。所以作为青少年在与人相处中，若能设身处地为他人着想，不管你们之间有多大的仇恨或过节，只要你有退一步海阔天高的情怀，能站在对方的立场感受其心情，说不定那时你会自言自语地说："假如是我，可能也会这么做的。"那么你此刻的仇恨也会随心情感悟而纾缓减半，缕试缕想，你的仇恨将会由大化小，由小化无，甚至会化干戈为玉帛。倘若双方都能执这样的心态，人人都拥有如此胸怀，那么人与人之间何愁不能和谐相处。

不过忍也要有个度。要因人因事而定度，千万不要忍过了头，金变成铁。无限度的忍是软弱的表现，更是丧失尊严的象征。人失尊严有如行尸走肉。所以一定要量力而为把握尺度，才能百忍成金。

忍耐是制胜的法宝

做人凡坚忍者，必成大事。坚忍是一种明退暗进，更是一种蓄势待发，今天的坚忍是为了明天更大的成功。忍耐是很不容易的事情，"忍"字就是"心"上面加一把"刀"。我国有句古话，叫"忍得一时之气，可消百日之忧"，又有句话叫"大丈夫能屈能伸"，讲的都是忍耐和忍辱的道理。忍辱貌似屈辱、怯懦，但与后者最大的区别在于懂得"有所为"和"有所不为"。而忍耐则是我们制胜的法宝。

忍耐是一种磨砺，是一种意志力的体现，是人与环境、事物对抗的心理因素、物质因素的总和。两军对阵勇者胜，两军相持久者胜。坚忍是一种明退暗进，更是一种蓄势待发。忍耐的极点便是柳暗花明，今天短暂的忍耐是为了明天更大的成功。

越王勾践卧薪尝胆，自污事敌，最后终于复国报仇就是一个最好注解。自古以来，"慷慨赴死易"而"从容就义难"。有的时候，坚持活着比选择死亡需要有更大的勇气。忍人所难忍，才能成人所难成；忍人所不能忍，才能成人所不能成。

忍而有度，人不可以有傲气，但绝对不可以没有傲骨！忍则乱而大坏，坏之极而发散，散将至人蹉跎，蹉跎蹉跎，锐气尽消之，先容后残，乃正忍。"忍"是一种高深的修养，是思想的最高境界。"忍"，他就是一个字。

勾践，能忍人之所不能忍，这种忍性是成大事具备的。

勾践作为奴隶常常笑。不管是当众跪在吴王阖闾墓前，叩头叩得满面是血；不管是身为奴隶，为吴王拉车，受尽吴国国人唾骂之时；不管是被夫差带到列国诸侯之前，被数人戏弄时，就连最低等的士兵江堰市都比他尊贵，勾践继续在笑，只是一直地笑！因为笑可以遮掩面上一切的表情，更可以遮掩不期然在面上流露出来的想法。没有人知道，笑面之下，真正的他到底在想什么！

勾践在人生最可怕的逆境中，体味出成为真正皇者之条件，就是必须要能屈能伸，能人所不能，忍人所不能忍！他把眼光放远，他要的，不是意气之争胜，而是得到最后的胜利！所以，勾践身为一国之君，居然开始笑着去替夫差拉车，恭敬地守着阖闾之墓，在夫差眼中他仿佛是一只给驯化了的小狗！勾践毫不在意，对夫差忠心耿耿，最后，居然想到为夫差卜病尝粪！勾践的行为大大出乎所有人的意料之外。结果，勾践成功感动了夫差，被放返越国。返回越国的勾践已变成了另外一个人，他不要锦衣美食，也不住华厦。他卧薪尝胆，提醒自己一定要努力奋发，复兴越国；再伺机而动，一举灭吴以雪当日之

177

耻！他不断地磨炼自己的心志，实在，他虽尚未跟夫差再作正面交锋，但他的能力和意志已超越了夫差！终于，勾践凭着他自己的斗志，加上范蠡和文种的协助，终于乘着夫差出错，从后偷袭，直取吴国！最后，越王勾践终于历经数十年的励精图治、卧薪尝胆，实现了复兴的宏愿。自此，勾践专心国事，富国安邦。他终于成为最双向交流的胜利者。

忍小节，成大事。《墨子·扬朱》篇说："要办成大事的人，不计较小事"。孔子戒子路曰："齿刚则折，舌柔则存。柔必胜刚，弱必胜强。好斗必伤，好勇必亡。百行之本，忍之为上。"还有，越王勾践忍辱负重，抑制自己的愤怒和情欲，卧薪尝胆十年，终于战胜了吴王夫差。这些都说明，一个人在大事业之前若无法忍受小事，将无法成就伟大的理想。

对于青少年来说，在有些人眼中，忍耐常常被视为软弱可欺。而实质上，忍耐是一种修养，忍耐是在经历了暴风雨的洗礼后，自然所生的一种涵养，忍耐能够磨炼人的意志，使人处事沉稳，面临厄运泰然自若，面对毁誉不卑不亢。忍耐使人变得刚直不阿，淡泊名利。忍耐可以使人以坚强的心志和从容的步履走过岁月，走过人生。假如失去忍耐，就会造成可悲的结局，由于每个人所处的环境、地位和所有的文化水平不同，忍耐的方式和效果也不一样。忍耐是有限度的，该忍耐时则忍耐，既不可因区区小事而不忍，也不可不顾人格强忍耐。掌握分寸随机行事才是上策。

7. 忍一时，强一世

能在"火山爆发"的当口克制自己的感情，遏制即将迸发的怒火，懂得忍耐才是真正的智者。忍耐，不是对世事的消极对待。会忍耐的人大多数是拥有智慧的人，能学会让所有的痛苦在忍耐中淡化，学会让所有的眼泪在忍耐中化为轻烟，学会在忍耐中拼搏，学会在忍耐中锲而不舍地追求。其实，懂得忍耐是一种技巧。

忍耐是一剂良药，使自己镇静，酝酿成功。常言说："大忍大益，小忍小益，不忍不益，忍耐的过程是辛酸苦涩的，忍耐的结果是美好的。"学会忍耐，受益一生。所谓古人有云：忍一时，强一世。也就是这样一个道理。

今天的忍耐是为了成就明天的辉煌

梵高无法忍受不公的世俗而自残，海明威无法忍受疾病的折磨而自戮，屈原无法忍受国破家亡之痛而自陨，项羽兵败无颜见江东父老而自刎。这是追求、忍耐后的一种爆发，一种抗争，令人肃然起敬。但命运常常是一种折磨。不论是谁，在人生中有时总难免身陷逆境。身陷逆境，一时又无力扭转面临的颓势，那么最好的选择就是暂且忍耐。事物总是在不断地运动和变化，在忍耐中等待命运转折的时机。

即使面对别人的侮辱和伤害，有时也需要忍耐，何必急急忙忙以一种对抗的方式来证明自己并非软弱可欺呢。青少年也一样，因为人的一生当中会遇到很多问题，如果你能忍一忍，并学会控制自己的情绪和心志，以后即使碰到大的问题，自然也能忍受，也自然能忍到最好的时机再把问题解决，这样才能成就大事业！

学会忍耐，就是学会不做蠢事，就是学会不做那些一时痛快，后来又终身懊悔不已的事。你不是好欺负的，并不能证明你是强大的，当你使自己变得强大起来，你就自然不是好欺负的了。后来，有谁敢轻视曾受过胯下之辱的韩信吗？

中国古代的名将韩信，家喻户晓，妇孺尽知，其武功盖世，称雄一时，他就是善于忍耐，最终成为刘邦手下一个名将。韩信还未成名之前，并不恃才傲世，目中无人，相反，倒是谦和柔顺，能屈能伸。而当年的韩信能忍胯下辱，至今仍旧被后人传为一段佳话。

　　韩信很小的时候就失去了父母，主要靠钓鱼换钱维持生活，经常受一位靠漂洗丝棉维生的老妇人的周济，屡屡遭到周围人的歧视和冷遇。一次，一群恶少当众羞辱韩信。有一个屠夫对韩信说："你虽然长得又高又大，喜欢带刀配剑，其实你胆子小得很。有本事的话，你敢用剑你的配剑来刺我吗？如果不敢，就从我的裤裆下钻过去。"韩信自知形只影单，硬拼肯定吃亏。于是，当着许多围观人的面，从那个屠夫的裤裆下钻了过去。

　　这就是史书上所记载的"胯下之辱"。对于青少年来说，忍耐是一种理智，是一种涵养；忍耐是一种美德，是一种成熟。忍耐是一种追求的韧性，弱小的生命和事物为了避免过早的夭折和被毁灭，不得不暂时放弃自己的欲望；忍耐是一种追求的策略，一个追求更大成功的人，不得不忍受小的失败和牺牲。

　　俗语说："小不忍则乱大谋。"试想当时，如果韩信火冒三丈，一怒之下拾剑杀了那个人，那么必然会有一场恶战。胜负难料不说，纵使是韩信胜了，也免不得要吃官司，平空出横祸，怕是英年早逝，误了锦绣前程。

　　韩信也好，孙膑也好，都是"忍一时之气，争千秋之利"，这一点值得当代青少年好好学习一番。我们忍耐，是因为我们相信明天的阳光会更加灿烂；我们忍耐，是因为我们心中充满爱；我们忍耐，是为了让这个世界更加和谐。多一份忍耐世界会变得更加绮丽，多一份忍耐生命会变得更有意义。

　　所以对于青少年来说，忍耐，不是消极颓废，在长久的沉默中悄然郁积的寂寞，是暴发力的积蓄，是用默无声息的奋斗冲破罗网，是用无形无影的热血融化坚冰，在忍耐中拼搏向上。倔强的心灵，在忍耐中经受考验，在忍耐中学会坚强，在忍耐中奋力成长。

忍耐是成功的基石

如果你无法到达"出淤泥而不染"的境地,还不如放低自己,放松自己,你要相信,也许人有偏见,但命运没有偏见。人在旅途,曾有几多困苦,几多伤痛;漂泊在外,又曾有几多艰难,几多挫折。几乎每一个人,在人生的征程中都历经这样或那样的痛苦甚至不幸。当你不甘心命运的安排但又不能扼住命运的咽喉之时,你必须也只有学会忍耐。

对一般人来说,忍耐是一种美德,对青少年来说,忍耐却是必须具备的品格。现在大家都知道俞敏洪是千万富豪、亿万富翁,但又有谁知道俞敏洪这样一类创业者是怎样成为千万富翁、亿万富翁的呢?他们在成为千万富翁、亿万富翁的道路上,付出了怎样的代价,付出了怎样的努力,忍受了多少别人不能够忍受的屈辱、憋闷、痛苦,有多少人愿意付出与他们一样的代价,获取与他们今天一样的财富?

最后俞敏洪成功了,成为了千万富翁,是因为他能忍常人不能忍之事,因为他懂得忍耐是为了更大的成功,他也向往忍耐之后的美丽阳光。坚忍卓绝的意志,强毅不屈的气度,才是使他能够在这充满战火气息的当今社会中,成为真正的强者与成功者的保证。最后他以世界富翁的身份昭告天下。

所以说忍耐是成功的前奏,忍耐也是人类最伟大的品质之一。学会忍耐,就是学会不做蠢事,就是学会不做那种一时痛快但终生遗憾的事。学会忍耐,才能忍一时之气,待风雨过后在万里无云的天空下施展自己的抱负并把它实现。

我们都不愿让别人在自己的脊背上练就打人的本事,但是生活中不能没有忍耐的精神。假如生活是一条奔腾不息的河流,那么忍耐就是那坚固的河堤。忍耐,也许是一种痛苦,但更是一种考验。学会忍耐那是从幼稚到成熟的过程,是人格与品质的至高境界,纵然不能凛然面对嘲讽,但能面对委屈。因为忍耐是人生中的一种理智,一种深邃,是感悟复杂人生的智慧。所以对于青少年来说,需要的是人生路上不断的磨练。要时刻记得忍耐永远是成功的前奏,为工作、为理想奋斗则更需要忍耐。也许,我们会踟蹰在黎明前的黑暗中长时间见不到曙光,但是,只要我们的心敢于在风雨吹淋中依然坚强地跳动,事有小成不窃喜,情有大失不自殇。相信总有那么一天,命运的天秤会向你倾斜。

明代人吕坤在《呻吟语》中说过:"忍激二字是福祸关。"忍,是忍耐;激,是激动,二者的区别在于能不能克制。能克制就能得福,不能克制就可能带来灾祸。汉字形象而生动地诠释了"忍"字,心字头上一把利刃,放得下刀的心胸会是多么宽广。生活的艰辛在人们的心中埋下了太多的隐痛,忍耐却可使人相信:风雨过后,风平浪静,暴风雨之后的天空格外明亮、清新。学会忍耐,学会在忍耐中锲而不舍地追求,在忍耐中更深刻地感受人生、品味生活。身处逆境,一时无力扭转艰难的局面,那么最好的答案就是:学会忍耐,因为学会忍耐就会无限的接近成功,这是必然的。忍耐是一种修养,忍耐是在经历了人生的暴风骤雨之后,自然所生成的一种涵养,忍耐能够磨练人的意志,使人处事沉稳,临厄运而泰然自若,对毁誉不卑不亢。可忍耐是痛苦的,它压抑了人性本能的欢乐,特别是在你准备痛快淋漓去做一件事情的时候,理性不停的提醒自己不能继续下去,就如同赤裸着身躯在扑满荆棘的道路上滚爬,鲜血布满了脸也不能顾及。

学会忍耐就是要把主要的精力放在追求生命的价值上,让人生更充实,让生命更精彩。因此,对于青少年来说,当你身处困境、碰到难题时,想想你的重大目标吧!为了大目标,一切都可以忍,千万别为了解一时之气而丢掉长远目标。从今天开始,好好练习你的"忍"术吧,因为你一生还有更长的路要走,还有更大的目标等着你去实现!

第二节　学会懂理

1. 心动不如行动

"行成于思，行胜于言"，这句话已经成为大多数人的行事准则。的确，理想是成功的蓝图，行动是成功的基石。如今的青少年早已具备很好的学习条件，为了实现理想就必须有所行动。千万次的空想都不如一次脚踏实地的行动来的实际。不怕想不到就怕做不到，心动不如行动，做了也许会有收获或者是失败，但什么都不做一定是一无所获。

那有一条通向成功的船，你心动了吗？那有累累硕果，你心动吗？那有成功后的辉煌，你心动吗……心动了，那就行动吧！

成功心动，行动成功

在成功的道路上，目标和行动就像是硬币的两面，缺一不可。正如一位寓言家说得好："理想是彼岸，现实是此岸，中间隔着湍急的河流，行动就是架在两岸的桥梁。"青少年所需要的正是一份坚持不渝的理想信念，这种信念下的坚定的行动，才能使你一步步接近于心中理想的殿堂。因为，任何行动都源于思想，而行动是指达成目标的做法，也是达到成功所不可或缺的关键。

从前有一个和尚，他下定决心要到南海去，但是南海远在千里之外，这个和尚身无分文，又没有可以乘坐的交通工具，要到那里谈何容易。不过，他并没有被眼前的这些困难所吓倒，他的脑中只有一个信念，那就是一定要到达南海。

于是他便一路上依靠化缘、徒步的方法向着南海走去。路过一个小村庄时，他碰到了一户比较有钱的人家，那家的主人看着衣着破烂不堪的和尚便问道："你这是要到哪里去？"和尚坚定地回答道："我要到南海去！"有钱人听完忍不住哈哈大笑起来，说道："就凭你这样也想到南海？别做梦了！说实话我也一直都有去南海的念头，不过目前还没有准备充分。像你这样贫穷的人，恐怕还没有到达南海，就会累死饿死了，我劝你还是趁早找个安稳的寺庙安稳度日吧！"有钱人的话并没有让和尚就此改变主意，他仍旧固执地说："我迟早会到达南海的！"果然几年后，和尚凭借着他坚强的毅力和实际的行动到达了他梦寐以求的圣地，当他从南海返回的途中又经过那户有钱人家时，那个富人还在准备他的南海之行。

可见，雄心大略固然重要，而更重要的还在于行动，在于行动中有没有坚韧的毅力，有没有顽强的信念。行动是最真实、最有力的战胜困难的武器，不论你面临着如何艰难的挫折和挑战，只要能下定决心，用行动去战胜它，就会离成功更近一步。千万不要做一个不切实际的空想家，要知道那不会对你有任何的帮助。

当然，在我们的生活中，理想是必不可少的。一个人如果没有远大的理想和抱负，那就会变得鼠目寸光，以至一生碌碌无为。但是，有了理想，不去付诸行动就是空想，用现代语言称之为幻想，缺乏行动的理想依旧只是一纸空文。因此，理想和行动的关系，就如同引线和风筝的关系。这个风筝能飞多远，关键在于你手中的线。而这条线，就是你的内心愿望。

行动让人无比坚强；行动让人出类拔萃；行动让人走向成功。你还等什么？行动吧！

一百次心动不如一次行动

人们常说，好的开始是成功的一半。而事实上，只要开始行动，就算获得了一半的成功。冰心在《繁星·春水》中写到："言论的花儿，开得愈大；行为的果子，结得愈小。"因此，人不能只生活在浮想中，一味地空想，而不努力去实现自己的理想，其结局只能悔之晚矣。要想得到丰富的胜利果实，心动往往是不够的，惟有用你勤劳的双手去耕耘，那么，对于你而言，成功便不言而喻了。其实，只要你开始行动，无论结果成败与否，最终都会无怨无悔。

一般而言，生活中最容易出现两种类型的人：第一种就是每日每夜都泡在幻想中不能自拔的人，想从他身上看到一点行动是非常难的。第二种人便是善于把想法落实到计划中，成为一个敢于行动的人。想一下自己，你是哪一种人呢？总结一下自己的经历，是很容易就能找到答案的。

实际上，我们都知道最了解自己的莫过于自己了。但是，就是这个看似人人皆知的问题，就是没能够引起青少年的足够重视。因此，他们抱怨"心想事成"这句话是错误的。其实，这句话本身并没有错，只是很多人把想法停留在幻想的空间中，而不落实到具体的行动中，所以，就会常常出现竹篮子打水一场空的结果。当然，也有一些想得多而做得少的人。不可否认，这些人要比那些纯粹的"心动专家"要好一点，不过在一般的情况下他们也是很难取得成功的。当岁月匆匆流逝，你就会发现，理想仍然是理想，它还是天幕远景上的海市蜃楼，你就会像那个挖井人一样，终于一无所获。行动的力量是巨大的，你不能做言语的巨人行动的矮子，面对困难，你不能举着放大镜，其实和困难斗争一番后，你就会发现困难原来不过如此。

185

100 次心动不如一次行动！这句至理名言不知启发了多少人，因为行动是一个敢于改变自我、拯救自我的标志，是一个人能力有多大的证明。面对理想和现实的矛盾，你只有付诸行动，通过努力，克服生活中的各种困难，人生的辉煌才会徐徐展开。所以，在树立理想的同时，不忘坚持刻苦努力，以顽强的毅力去拼搏，用一种不达目的誓不罢休的信念向困难冲击，就一定能战胜困难。也许你在付出行动前，你会叹息一件事的成功是那么的艰难，可当你行动起来，你又会突然觉得原来也不过如此。当然你可能会失败，但失败会铸就你顽强的品格和坚忍的意志，最终把你推向成功。这就是行动的力量。你有多少喜悦，多少哀愁，都在成功之后再发泄吧。

行动是成功的基石。成功路上没有享福可言，要成功就要饱经风霜，历尽千辛，朽木亦可成舟。中国的史圣司马迁矢志不渝，在漫长苦闷的生活道路上，以超人的毅力忍辱负重，终于完成了不朽的杰作《史记》；化学家诺贝尔的炸药实验虽然使亲人丧命，自己身负重伤，但他仍旧坚定不移地工作；伟大的革命导师马克思，更是理想与信念结合的典范，在伦敦图书馆他的座位下，竟有他读书时放脚留下的沟痕……毫无疑问，那些成大事者都是勤于行动和巧妙行动的大师。古今中外，无一例外。在人生的道路上，"用行动来证明和兑现曾经心动过的心动"，这是你最需要的。

2. 人生从来没有不可能

青少年朋友喜欢李宁运动品牌的话，一定知道李宁品牌非常好的一句广告语：anything is possible（一切皆有可能）。其实，人生就像这句广告语一样，没有什么是不可能的。如果你在做事情的时候，畏惧这个，畏惧那个，那只能说明你的自信心不足，另外一个原因就是自己还没有准备好要去做这件事。

缩小痛苦，放大梦想

轻轻推开一扇窗，望着蓝蓝的天，白白的云。你的心中可曾充满了希望与梦想？你的心中是否充满了阳光与清爽？你是否发现窗边那棵绿绿的小草，虽然渺小，但它也是一个生命，一个坚强的生命，一个幼小的生命，一个倔强的生命，无论在哪里它都可以让自己微笑着面对一切。

在生活中的我们呢？是否曾为了一些小小的挫折就一蹶不振，是否曾为了一些小小的痛苦就驻足不前，是否曾为了一些小小的意外就怨天尤人？正处在青春期的青少年朋友，应该是一个充满活力、积极向上、勇敢乐观的青少年，不要做病快快的林妹妹，不要做扶不起的阿斗，不要做无所事是的懒汉。在这个美好的时光，应该去追求有意义的人生，不要怕困难与挫折，因为，人生从来没有不可能。

古代的越王勾践，被吴国打败后，他的精神并没有因此消沉，而是卧薪尝胆，不断地磨练意志。他睡的是草铺，每天吃饭睡觉前，他都要尝一下苦胆，并且还制定了一系列的复国计划，就在这样艰苦的条件下，勾践终于成功了，而且最终还成为了春秋时期的霸主。

高位截瘫的张海迪；因比赛而再也无法站起来的桑兰；同时聋、哑、失明的著名美国作家海伦·凯勒；意大利杰出的小提琴家帕格尼在监狱里自得其乐，用破旧的小提琴练琴和演奏；波兰伟大诗人密茨凯维支能够在牢房里构思诗作，在放逐途中创作著名的《十四行诗集》……看看他们的故事，再去想一想自己遇到困难，比较一下，我们不是生活在最美好的环境中吗？

面对人生中的挫折，他们表现出来的是一种坚强而又乐观的精神，他们并没有因为上帝对他们不公平而痛苦不堪、意志消沉，相反的，他们用一种坚强的精神来微笑着面对。正是因为有了可以战胜困难的信心，他们能够勇于面对艰难的挫折而最终取得了成功。

如果没有严冬，你不会感觉到春天的温暖；如果没有小丑的形象，你未必看得出谁才是最好的朋友；如果没有遇到挫折，你又何以能体会到成功的喜悦。青少年朋友在学习的过程中，可能会遇到各种障碍、困难或是失败、痛苦。面对挫折，跌倒了就自己爬起来，不怨天、不尤人，抚平伤口，背起行囊沿着既定的目标上路。不要企盼有谁会跟你一起分担忧愁，你要相信：只有通过自己的双脚才能踏平坎坷，只有通过自己的双手才能创造一切！遇到挫折就在心里鼓励自己："我行，我可以。"遇到痛苦就在心中默默地告诫自己："要成功，就必须努力。"遇到困难就在心中一遍一遍的告诉自己："相信自己，人生没有什么不可能。"

缩小痛苦，放大梦想。挫折是锻炼意志最好的学校，人的一生不可能总是一帆风顺，总会有荆棘，有暗礁的出现，其中重要的是不要碰到它就停止不前了，而是要勇敢地去战胜挫折，才能走向成功的彼岸。古语说：玉不琢，不成器；不学人，不知礼；铁不炼，难成钢。雄鹰是由于经历了一次又一次的风雨洗礼，才能搏击长空；人类是因为经历了蹒跚学步时的一次次跌倒，所以才能健步如飞。

坚持信念，人生没有不可能

一位成功人士说："只要有无限的热情，只要相信自己能成功，人生几乎没有一样事情不可能成功。"

在生活中，有人经常在说："这件事我做不好，不可能做好。"也有人在说："生活中只有想不到，没有做不到。"是啊，每一件事情的存在都有它的理由，每一个问题的发生都有解决它的办法。可能与不可能只是因为人们心中的一个信念，如果你的内心中想着它可能会实现，它一定能实现，你就会付出 *120%* 的努力去做，结果很可能它就实现了。如果一开始就认为不可能，这首先就给自己下了一个否定的结论，当在解决问题的过程中出现困难时，你就不会想方设法地去解决了，结果可能的事情也有可能变成不可能了。

"没有办法"或"不可能"使事情划上了句号，但是"没有不可能"则使事情有着突破性的可能。其实每个人都有一种能力的张力，犹如弹簧，其中信念的存在就非常重要。

青少年在成长的过程中，总会遇到这样那样的困难，至于怎么去解决，那就要靠自己了。当同学或老师向你提出一个问题时，你是否会存在一种"不可能会做到"的思想？这种思想的出现在于：怕麻烦，不愿意有新的改进而改变自己原有的习惯；或者是以前尝试过但没有成功，它成为你解决问题路上的阻碍；或者是你已经养成了"不可能"的习惯。

如果有这样的思想，你就要注意了，"不可能"这三个字将会成为你成功路上最大的阻碍。不要怕事情做不好，做不好只是因为我们没有信心，没有努力。只要你愿意付出，肯努力，就没有做不到的事情，关键是你要心存决心、信心，并且是坚定的信心。有时候，信心的力量就是那么的神奇！

相信自己，坚持信念，努力奋斗，人生没有不可能！

3. 有些弯路是一定要走的

在我们成长的过程当中，父母、老师、亲戚朋友或者其他长辈总是时刻提醒着我们，这条路行不通，那条路不能走。但张爱玲说：

"有一条路是每个人非走不可的，那是年轻时候的弯路。"这弯路就是我们成长道路上所经历的困难和挫折，尽管"碰壁"、"摔跟头"，碰得头破血流也无所谓。因为我们年轻，因为我们有激情，因为初生牛犊不怕虎，我们不怕困难，不怕挫折，更不怕前面的路有多艰辛，我们会勇往直前，永不退缩。

走一些弯路，是生活的过程

在人生的路上，有一条路每个人非走不可，那就是年轻时候的弯路。不摔跟头，不碰壁，不碰个头破血流，怎能炼出钢筋铁骨，怎能长大呢？

人生的路口有一条弯路是一定要走的，这就像彩虹的美丽必须要经历风雨的洗礼，梅花的清香必须承受寒风的抚慰，大海的波涛必须经历弯弯曲曲的小溪一样。有些事情，因为我们没有经历过，所以我们永远不会懂得其中的道理，我们只有尝试过才知道其中的滋味。因为没有经历过，所以我们总会相信前面的路会美妙绝伦，会充满惊喜与期待，我们用美好的思想去憧憬，对旁人的劝告漠然置之。所以，我们要去尝试，我们才能从中领略出生命的璀璨，生活无边的风景。青春不因逃避而停止前行，生命因大胆尝试而倍添精彩，让青春走走弯路吧，不要让我们成为温室里的花朵，或许这路上没有鲜花与掌声，只有辛酸与泪水，但我们仍愿执著地前行，因为经历过也是一种幸福。

我们走在人生的道路上，到处都是荆棘密布，布满了艰辛的脚印，布满了辛勤的汗水，而且会在不经意间出现。人生有许多事只有经历了才明白，受伤了才学会如何保护自己，错过了才学会如何坚持与放弃，而我们会在失去和得到的过程当中，慢慢地明白。作为一名青少年，我们还小，在学习和生活当中不要想着走捷径，踏踏实实走好前面或许更复杂、更弯曲的路。不要怕，经历过以后，会慢慢长大，慢慢成熟，在这个经历当中，有我们永远也抹不去的记忆，它使我们的人生因经历过而更加辉煌。

人生中走一些弯路是必要的

常听人说"路直有人走，人直有人和"。这话听起来，似乎天衣无缝。其实，路不一定是越直越好。据专家说，在设计高速公路时，逢山要打隧道，遇水要架桥梁，因为谁都知道，两点之间，直线距离最短。但并不是将整个路程都修得笔直，这条路就是最好的。有时候，如果某段路太直了也不行，还得人为的使路弯曲。路太直了，随着路程的增长，其潜在的危险也会增加。那段人为设计的弯路，也就是我们所说的必要的弯路，很多人都很不理解，难道说高速公路不是越直越好吗？不就为了达到风驰电掣、畅通无阻的目的吗？为什么要有弯路？修弯路真的有必要吗？

在大部分人的印象中，弯路并不被人所喜欢，大部分人都是尽量少走弯路。如果前面有弯路，总会竖立提示牌"前方有弯路，请小心驾驶"，有时候，为了安全起见，在弯道上横亘路障，强制性地限制速度，以减少事故发生。设计师认为，如果有太多的弯路，肯定不适宜高速，而如果高速公路直得像一条有头无尾的射线更是不可取的，若车速过快，那么交通事故就会频频发生，这就叫做"欲速则不达"。所以，要在高速公路上人为地设计出一些弯路，要让开车的司机知道，高速路不等于笔直路，也有弯道，得小心驾驶，不要为了一味的追求速度而忘了安全。高速路上设有弯路可以有效地降低行车风险，这些必要的弯路，虽然增加了里程，但同时也确保了高速公路的畅通，从大的方面来说路途反而"短"了。从理论上来说"两点之间，直线距离最短"，是成立的，但如果用在实际的高速路上，反而觉得不太合适。

人生的弯路是一次真正触及灵魂的震动，没有经历就不能说自己明白，所以，面对弯路的时候，不要再逃避，勇敢地踏上去，从而让自己多些人生的宝贵的体验。

多走些弯路吧！人生的弯路其实是有必要经历的，每一次的经历都是一笔财富，可以被它打倒，但如果走过，也就没有什么大不了。的确，谁都会想要平平静静的过完一生，但人的一生中谁又不会经历大大小小的波折？

青少年们，现在我们还年轻，走一段弯路不算什么，只有走过人生中的弯路，才会明白自己，才会对他人有更多的包容和理解。

4. 山不过来，我就过去

人生在世，有太多、太多的无可奈何，然而我们能做的只有微笑面对它，适应它。当生活遭遇挫折时，当幸福的阳光被乌云遮挡时，不要哭泣，不要伤心，要勇敢的去面对它。山不会自己走到你的眼前，那换个心态我们就自己走过去，其结果不是一样吗？

青少年要知道，命运是掌握在自己手里，而不是在别人的手里。当所面对的环境无法改变，那我们就先改变自己，只有改变自己，才会最终改变别人。如果改变不了环境，就应该学会去适应，并在适应环境过程中激发自己的能力，改造环境，获得快乐。

山不过来，我就过去

有这样一个经典故事：说是有一位力大无比的大师，从小立志要练就一身移山的本事，他朝着这个坚定不变的目标努力，他练啊练，几十年过去了，终于练成了"移山之法"。

有一天，很多人找到这位会移山的大师说："大师，我们听说您会移山的法术，能不能让我们见识一下。"这位大师说："好吧，我就给你们看看我的移山大法吧，就把对面那座山给你们移过来让你们看看吧。"说完，大师在一座山的对面坐了一会儿，一个小时过去了；对面的那座山纹丝不动，只见大师起身走到山的另一面，大部分人都嘲笑大师无能，也有一些人好奇的跟着一起往前走。大师回头对众人说道："表演完毕。"众人都不知大师这是什么意思，大师笑了笑，对众人说道："这个世界上根本不存在什么移山大法，惟一能够移山的办法就是：'山不过来，我便过去'。""移山大法"启示人们一个道理：无论做什么事情，都要学会转变思维角度，学会变通。如果事情无法改变，我们就改变自己。要想事情改变，首先得改变自己，才可以最终改变属于自己的世界。

世上本没有什么移山之术，只有一种精神：坚定不移。人改变不了外部世界，但却可以改变自己本身，通过这样的办法，才能最终改变属于自己的世界。"山不过来，我就过去"，反映了一种生存的智慧。

在日常生活与学习中，很多的青少年都会被身边的一些事情和环境所困扰着，认为别人对自己不好，自己所处的环境太坏等等。于是心里就产生不平衡，脾气也变得暴躁，生活质量下降，生活的激情也受到了影响，学习的质量就跟着日况愈下。长期下去，不但环境没改变，别人也没有丝毫的改变，反倒是自己为此吃了不少的亏。与其一味的抱怨，不如学着去改变自己吧。你虽然改变不了事实，但你可以改变态度；你不能控制别人，但你可以掌握自己；你不能预知明天，但你可以把握今天；你不能选择自己的容貌，但你可以展现你灿烂的笑容。很多时候，我们没有办法选择自己生存的环境，但用心去"改变自己"，却是容易做到的。不断地改变心态，可以将恶劣的环境，变成对自己有利的环境。

埋怨环境，我们可以找一百个理由，但环境不会因为我们找了这些理由而发生百分之一的变化。可是改变自己，只要今天去做，明天就会发现自己身上已经发生了翻天覆地的变化。所以，埋怨环境，不如改变自身。改变自己虽然是痛苦的，就像被移植的大树，要砍去树枝，会承受长时间的苦痛，但苦痛之后，却是再度的葱茏。

青少年们只有改变自己，才会有一个全新的自我。

改变自己，适应环境

青年小刘，他通过千辛万苦，过五关、斩六将终于进入了一家比较不错的企业。但工作不到一年，他就决定要辞职，原因是他不喜欢这份工作，认为这份工作没有他的发挥之处，他不喜欢这公司，说公司没有活力。

当他决定要辞职时，他找到他的朋友小李："你要不要跟我一起辞职，我看你干得也不是很开心。"小李说："好人"两个人就约好一块辞职。但小李想想了又说："直接这样走不好吧，我们好聚好散，来的时候表现不错，走的时候我们也应该给所有的同事、客户一个好的影响，我们在最后一天好好的表现，做好最后一件事情。"小刘说："好吧，我们给自己，也给对方最后一个机会。"

第二天早上，他们8点准时来到公司，煮咖啡，泡茶，把公司搞得干干净净，他们对所有上门的客户态度都非常热情，以最有爱心的方法去款待他们。然后，他们对所有进来办公室的同事们都说："嗨！您好！早上好！"让所有人都感受到他们真诚的态度。他们工作了一天，到了快下班时，小刘对朋友说："我们是不是应该递辞呈了？"但小李却说："开什么玩笑，这么好的工作，这么好的一个服务单位，我忍心辞职吗？"最后，小李劝小刘留下来，说："难道你今天没有发

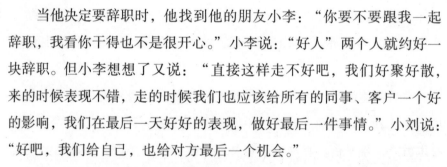

现所有的人对你都很热情吗？难道今天你没有体现自己的价值吗?"小刘听了朋友的话，陷入深思中……

改变自己是适应社会的一种方法。当生活的境遇不能改变时，我们要学习改变自己。很多人觉得自己的人际关系不好，同事之间的关系紧张，家庭不和睦，总认为是别人不好，自己全都是对的，总想改变对方。事实上，这不大可能，因为对方也想让你改变，到最后双方都没有改变。最好的方法是在改变对方之前先改变自己，当我们在为生活或境遇烦恼苦闷到了极点时，要学会敞开一扇心灵之窗，换个角度看待生活、看待事物，不能因为一时处于恶劣的环境中就自暴自弃，止步不前。要知道，环境不是为你我而造的，我们应该学会适应它。与其抱怨社会环境不好，不如换个心态，每一次危机就是一种转机，每一次变化就意味着机会。在追求成功的过程当中，幸运女神不会把幸运都给一个人。

如果我们不可以改变天气，我们可以改变自己的心情；如果鸟飞不过，让我飞过千山万水；如果我们不可以改变相貌，我们可以净化心灵；如果山不过来，那我就让自己过去，我走过去，我跑过去，我跳着过去，总之我就是一定要过去。其实，有很多的事情不是我们本身能够改变的，但是我们可以学着改变自己，慢慢地去适应。

改变自己不是要你放弃自己的原则，而是让自己有更多的平台、更多的机会来实现自己的理想。改变自己不是妥协，是一种以退为进的明智选择。就好比要到达一个目标，多数情况下，直接走是行不通的，得绕个弯子迂回一下。

5. 付出的人生是完美的

在生活中，人们总是想办法去获得却不愿付出。但是如果你把眼

195

光放长远一点，你就会发觉，原来付出也是一种收获。人们常说："一分耕耘，一分收获。"没有付出，何来的收获。有付出才会有收获，唯有不断流动更替的水才会充满氧气，如此鱼儿们才会有舒适的生存空间，为湖泊增添生命活力。有舍才会有得，只要不吝于付出，在付出的同时，我们便能腾出新的空间，容纳新的机会。付出也是一种幸福，人生最大的满足就是付出。

付出，也是新一代青少年的使命与价值。

付出是一种快乐

街上走着衣衫褴褛的兄弟俩，一个五岁，一个十岁，他们从农村到城里讨饭。俩人饥肠辘辘的来到一户人家的门口，可他们的乞讨之路并不顺利。这家人在门口说："自己干活挣了钱才有饭吃，不要来麻烦我们。"俩人走向旁边的一家，这家人在门缝里说："我们不给叫花子任何东西。"

在遭到无数次的拒绝和斥责后，哥俩很伤心。最后一位好心的太太对他们说："可怜的孩子，我去看看有什么东西能给你们吃。"过了一会儿，她拿了一罐牛奶送给他们。这可乐坏了这小哥俩，他们像过节一样高兴，坐在马路旁享受起他们的佳肴。弟弟半张着嘴望着哥哥，用舌头舔着嘴唇，说："你是哥哥，你先喝。"这时，哥哥拿着奶罐假装喝奶的样子，其实他紧闭双唇，没让一滴牛奶入口。然后他把罐子给弟弟，说："现在轮到你了，你只能喝一点点。"弟弟拿起罐子喝了一大口，说："牛奶真好喝。"哥哥接过罐子，假装喝了一口，又递给弟弟。奶罐在两人手中传来传去，哥哥一会儿说："现在轮到你了。"一会儿说："现在轮到我了。"牛奶终于喝完了，哥哥却一滴未喝，但他的内心是快乐的。因为付出的人得到的回报是幸福。

付出与快乐是一对孪生姐妹，没有付出，就没有快乐，反言之，要想获得快乐，就必须得去付出快乐。有些青少年爱占便宜，看见别人的东西好，总想据为己有图一时之乐。有些甚至去觊觎国家财物，总有非分之想，到头来锒铛入狱，快乐没有了，只有苦役。

没有付出，是没有收获的。所以，想要索取快乐，最终非但品尝不到快乐，反而咀嚼的却是失去自由的痛苦。正如"要想知道梨子的滋味，只有亲口尝一尝"。很多的快乐也是这样的，只有身体力行，方能享受得到。

学会付出，便会拥有快乐。

付出是收获的前提

曾有一个人在沙漠里行走了两天，途中遇到沙尘暴。一阵狂沙吹过之后，他已认不得正确的方向。正当快撑不住时，突然，他发现了一幢废弃的小屋。他拖着疲惫的身子走进了屋内。这是一间不通风的小屋子，里面堆了一些枯朽的木材。他几近绝望地走到屋角，却意外地发现了一台抽水机。

他兴奋地上前汲水，可任凭他怎么抽水，也抽不出半滴水来。他颓然坐地，却看见抽水机旁，有一个用软木塞堵住瓶口的小瓶子，瓶上贴着一张泛黄的纸条。纸条上写着：你必须用水灌入抽水机才能引水。不要忘了，在你离开前，请再将水装满！他拔开瓶塞，发现瓶子里果然装满了水！

他的内心，此时开始了激烈的交战——如果自私点，只要将瓶子里的水喝掉，他就不会渴死，就能活着走出这间屋子！如果照纸条做，把瓶子里仅有的水倒入抽水机内，万一水一去不回，他就会渴死在这地方了——到底要不要冒险？

最后，他决定把瓶子里仅有的水，全部灌入看起来破旧不堪的抽水机里——他用颤抖的手汲水——水真的如喷泉似的涌了出来！

　　他将水喝足后，把瓶子装满水，用软木塞封好，然后放在原处，并在纸条上加上了他自己的话：相信我，真的有用，在取得之前，要先学会付出！

　　不要去怀疑付出没有收获，尽管去做吧，提前的付出也许会获得意想不到的收获！把奉献放在前头，你才有收获的机会，只有甘愿多付出，才能收获回报。

　　日常生活中，做人如此，做事如此，与他人之间的交往亦如此。

　　事实证明，心底越无私，越坦诚与人交往，赢得的友谊就越多越深厚。因为你的付出，不仅是物质上的舍弃，更是一份情感上的真诚。你以真诚和无私对待他人，必然会收获友谊，赢得他人的尊重和关爱。这种人与人之间的相互支持帮助，就是一笔无形的财富。这正像某位哲人所说的："你希望别人怎样对待自己，你就要首先怎样对待别人。"

　　付出是一种人生的修养。付出是给予，是奉献，是无偿的。这种"付出"使别人得到快乐、满足，而自己也会从他人的欢欣与快慰中得到精神上的满足与幸福。

　　没有付出就没有收获，也别妄想以较小的付出获得巨大的收获和成功，要想有超乎常人的收获，就必须有超乎常人的付出。希望青少年朋友能牢记这一使命，成为理想远大的新一代。